À la frontière du Kentucky

Une histoire des pionniers combattants de l'Ouest

James Otis

Writat

Cette édition parue en 2023

ISBN : 9789359255071

Publié par
Writat
email : info@writat.com

Contenu

PRÉFACE.

"Le pauvre Simon Kenton a connu les effets amers du tort, de l'ingratitude et de la négligence. En raison de certaines questions juridiques concernant ses terres dans le Kentucky, il fut emprisonné pendant douze mois à l'endroit même où il avait construit sa cabane en 1775. En 1802, un mendiant à force de procès et de pertes, il devint sans terre. Pourtant il ne murmura jamais contre l'ingratitude qui le pressait, et en 1813 le vétéran rejoignit les troupes du Kentucky sous Shelby, et participa à la bataille de la Tamise. En 1824, alors âgé de soixante-dix ans, il s'est rendu à Francfort, vêtu de vêtements en lambeaux et sur un misérable cheval, pour demander à la législature du Kentucky de renoncer aux prétentions de l'État sur certaines de ses terres de montagne. Il a été dévisagé par les garçons et évité par les citoyens, car aucun Le général Thomas Fletcher le reconnut enfin, lui donna un nouvel habit et le reçut gentiment. Lorsqu'on apprit que Simon Kenton était en ville, des dizaines de personnes affluèrent pour voir le vieux héros. Il fut emmené au Capitole et assis dans le fauteuil du Président. Ses terres furent libérées et le Congrès lui accorda ensuite une pension de deux cent quarante dollars par an. Il mourut, à l'âge de quatre-vingt-un ans, en 1836, à sa résidence à la tête de Mad River, comté de Logan, Ohio, en vue de l'endroit où, cinquante-huit ans auparavant, les Indiens allaient le mettre. à mort."

(Le "Field-Book of the Revolution" de Lossing.)

CHAPITRE PREMIER.
SIMON KENTON.

Mon objectif est de décrire ce que j'ai vu à l'époque où Simon Kenton me donnait mes premières leçons de menuiserie et il est bon de faire cette déclaration à l'avance afin que d'autres puissent être privés de l'occasion de dire ce qui semblerait désagréable : — que l'élève fut pendant un certain temps si ennuyeux qu'un élève moins patient et moins minutieux que Kenton aurait pu terminer rapidement les leçons.

Ce qui semble maintenant le plus difficile est de décider comment je commencerai cette histoire du peu que j'ai fait à la frontière du Kentucky pendant l'année de grâce 1778, et je ne peux trouver aucun plan qui promette un meilleur succès que celui de copier ici ce J'ai lu dans un livre imprimé de longues années après que moi, un garçon vert, j'ai décidé de faire ma petite part pour apporter la paix et un sentiment de sécurité aux colons qui s'efforçaient de construire un foyer pour eux-mêmes et leurs familles dans ce qui était alors connu sous le nom de la colonie de Virginie.

J'utilise un tel début parce qu'il me semble que le sage qui explique ainsi l'état des choses entre nous à cette époque, raconte en quelques lignes ce que je pourrais vainement lutter sur de nombreuses pages de papier pour mettre en forme une seule chose. -à moitié aussi concis et satisfaisant :

« A la seule exception de l'expédition de Dunmore en 1774, les hostilités à l'ouest des Alleghanies n'étaient qu'une série de conflits frontaliers, chaque petit parti agissant sous sa propre responsabilité, jusqu'en 1778, lorsque le major George Rogers Clarke mena une expédition régulière contre les postes frontières. Clarke se dirigea pour la première fois vers le Kentucky en 1772, lorsqu'il descendit l'Ohio avec le révérend David Jones, alors en route pour prêcher l'Évangile aux Indiens de l'Ouest.

"Il fut immédiatement impressionné par l'importance de cette région fertile et par la nécessité d'en faire un lieu sûr pour les colonies. Son esprit était clair et complet; son courage personnel de la plus grande qualité; ses énergies, physiques et mentales, toujours vigoureuses , et il devint bientôt un oracle parmi les hommes de l'arrière-bois. Au cours des années 1775 et 1776, il traversa de vastes régions désertiques au sud de l'Ohio, étudia le caractère des Indiens principalement à partir des observations des autres et chercha à découvrir un plan par lequel une vague d'émigration pourrait affluer sans contrôle et en toute sécurité vers ce paradis du continent.

"Il fut bientôt convaincu que les garnisons britanniques de Détroit, Kaskaskia et Vincennes étaient les nids de ces vautours qui s'attaquaient aux faibles colonies de l'ouest et inondaient le sol vierge du sang des pionniers. Virginie, à quelle province ce riche désert lui appartenait, consacrait alors toutes ses énergies à faire avancer la cause de l'indépendance à l'intérieur de ses frontières à l'est des Alleghanies, et les colons à l'ouest des montagnes étaient laissés à leur propre défense.

"Le major Clarke, convaincu de la nécessité de réduire les forts hostiles dans le pays de l'Ohio, soumit un plan à cet effet à la législature de Virginie, en décembre 1777. Son projet fut hautement approuvé, et le gouverneur Henry et son conseil furent si chaleureusement intéressés. que le major Clarke reçut deux séries d'instructions, l'une publique, lui ordonnant de « procéder à la défense du Kentucky », l'autre privée, dirigeant une attaque contre le fort britannique de Kaskaskia. Douze cents livres furent affectées aux dépenses de l'expédition. ; et le commandant de Fort Pitt reçut l'ordre de fournir à Clarke des munitions, des bateaux et d'autres équipements nécessaires.

"Sa force ne comprenait que quatre compagnies, et ils étaient tous des hommes de premier ordre. Au début du printemps, ils se retrouvèrent à Corn Island, aux chutes de l'Ohio, à six cent sept milles par eau, en aval de Fort Pitt. Ici, Clarke fut rejoint par Simon Kenton, un des pionniers les plus audacieux de l'Ouest, alors jeune homme de vingt-deux ans. Il agissait comme espion depuis deux ans ; il était désormais engagé dans un service plus honorable, mais non plus utile. "

Maintenant que tout cela a été expliqué par un autre, je ne sais toujours pas par où commencer cette pauvre histoire, et après beaucoup de coups de bâton de mon faible cerveau, j'ai décidé de me lancer dans l'affaire de la même manière que les événements se déroulent. mon souvenir après ces nombreuses années de paix et de farniente.

Un certain matin de février de l'année 1778, je sortis pour soigner mes casiers, et je m'étais jeté sur la rive de la rivière Ohio pour trancher une question qui me tourmentait depuis plusieurs jours.

Jamais je n'ai perdu de vue un instant qu'il était nécessaire que je garde mes esprits au cas où je comptais garder mes cheveux, car de nombreux scalps avaient été enlevés dans ces environs au cours des six mois qui venaient de s'écouler, et je croyais que rien de plus gros qu'un écureuil ne pouvait s'approcher à portée de main, sauf si j'en avais connaissance et avec mon consentement.

C'est pourquoi je me levai tout à coup, très alarmé, lorsqu'un homme blanc se tenait devant moi, s'étant approché si silencieusement que c'était presque comme s'il avait traversé la terre même.

Il ne faut pas supposer que les Indiens étaient les seuls êtres sous forme d'hommes que nous, colons de l'Ohio, avions des raisons de craindre à cette époque ; il y avait beaucoup d'hommes blancs dont le cœur était aussi noir que celui des sauvages, et qui tireraient des perles sur l'un des leurs par pur amour de verser le sang, si aucune autre raison ne se présentait.

En m'asseyant ici, je me levai d'un bond, le fusil à la main, prêt au premier mouvement menaçant de l'étranger ; mais il n'a donné que peu de signes d'être un ennemi.

Son arme était passée au creux de son bras alors qu'il me regardait amicalement, et j'aurais facilement pu l'abattre, à moins qu'il n'ait été plus rapide avec un fusil que n'importe quel autre que j'aie jamais rencontré.

C'était un jeune homme, âgé de vingt ans à peine, à ce qu'il me semblait alors, et il y avait sur son visage quelque chose qui indiquait qu'il pouvait être un ami proche ou un ennemi dangereux, quelle que soit la manière dont on l'approchait.

« En quête de fourrure ? » » dit-il plutôt que de demander, en jetant un coup d'œil aux pièges qui se trouvaient à proximité.

J'ai hoché la tête; mais je restai sur mes gardes, déterminé à ne pas me laisser désavantager par des paroles douces.

"Il vaut mieux continuer à bouger que de rester là où un Injun furtif pourrait se faufiler un peu trop près", dit-il avec un sourire, alors qu'il s'asseyait près du tronc d'arbre en décomposition sur lequel j'avais laissé les pièges. .

"J'aurais juré que ni le blanc ni le rouge n'auraient pu me tomber dessus comme vous l'avez fait", dis-je avec chaleur, complètement honteux d'avoir été si négligent.

"Je pense que cela aurait pu laisser perplexe un Indien de faire ce tour. Si je n'avais pas pu les battre en mouvement, ma tête aurait été nue pendant ces cinq années."

Cela ressemblait beaucoup à de la vantardise, le fait qu'il prétende être capable de battre un Indien dans le travail du bois, car à cette époque, je croyais que les sauvages pouvaient déjouer n'importe quel colon ayant jamais vécu ; mais avant que plusieurs semaines ne se soient écoulées, je compris que je m'étais gravement trompé.

"Est-ce que c'est votre cabane là-bas, sous la grande butte ?" » demanda-t-il, plus comme pour entamer une conversation que par curiosité.

"Oui, tu y es allé ?"

"Je l'ai examiné, mais je n'ai pas essayé de faire connaissance. Est-ce que ta mère habite là-bas ?"

"Oui; elle et moi seuls."

"Qu'est-ce qui l'a envoyée dans ce désert sans personne d'autre qu'un garçon comme toi ?" » demanda-t-il en parlant comme s'il avait deux fois mon âge, alors que, à moins que tous les signes ne disparaissent, il n'était que de cinq ans mon aîné.

"Père était avec nous quand nous sommes arrivés, l'année dernière. Il a été tué par le sauvage meurtrier il y a près de deux mois."

"Pourquoi es-tu resté ici ?" » demanda l'étranger en me regardant avec curiosité. "Le déblaiement n'est sûrement pas si avancé qu'il vaut la peine de risquer sa vie pour cela."

"Mère aurait dû partir, mais je ne pouvais pas partir."

"Pourquoi?"

"C'est un pauvre genre de fils qui n'essaiera pas au moins d'effacer un tel compte, et je tiendrai ici jusqu'à ce que ceux qui ont tué le pauvre vieillard découvrent qui je suis!"

Des larmes mêlées de rage, de chagrin et d'impuissance me montèrent aux yeux tandis que je parlais ainsi avec chaleur, et je me retournai rapidement de peur que cet étranger, en les voyant, ne me fasse passer pour un garçon plus jeune que je ne l'étais réellement.

"C'est tout un travail que vous avez accompli", dit-il après une pause. "Les Indiens des environs ne doivent pas être surpris en train de faire la sieste toutes les heures de la journée, et il y a de fortes chances que votre mère se retrouve seule dans la clairière avant que vous ayez fait de grands progrès dans le règlement de vos comptes."

"Parce que tu m'as raté, il n'y a aucune raison pour que les serpents rouges puissent faire la même chose !" J'ai pleuré de colère, sur quoi il a hoché la tête gravement comme s'il était d'accord avec moi, après quoi il a demandé :

"Quel âge as-tu?"

" Faut-il avoir vécu tant d'années plus ou moins avant de pouvoir faire le travail d'un homme ? " » demandai-je, prouvant par ma pétulance que je n'étais encore qu'un enfant.

"Ce n'est pas avec quelque chose de ce genre en tête que j'ai posé cette question. Peut-être que je me demandais si vous aviez l'expérience dont vous aurez besoin avant de terminer votre travail."

"Je viens d'avoir seize ans", répondis-je, complètement honteux d'avoir fait preuve de mauvaise humeur.

"D'où viens-tu?"

"Pennsylvanie."

« Votre père était-il conservateur ? Il a demandé.

"En effet, il ne l'était pas !" et maintenant j'ai de nouveau eu chaud. "Il croyait que nous pourrions améliorer notre condition en pénétrant dans le désert, car lorsque la terre d'un homme est envahie par deux armées, comme la nôtre l'avait été, l'agriculture est un mauvais métier."

Puis il m'interrogea encore plus attentivement jusqu'à ce que j'arrive à la fin de ma nouvelle, qui commençait avec le jour où nous quittions la colonie fondée par William Penn, et se terminait avec cette heure où je rencontrai à peine le corps mutilé de mon pauvre père. à huit cents mètres de notre clairière, où les bêtes à forme humaine l'avaient torturé.

Tout cela, je l'ai raconté à l'étranger comme s'il avait été un vieil ami, car il y avait quelque chose, dans sa voix et dans ses manières, qui a immédiatement conquis mon cœur, et lorsque cette triste histoire a été terminée, j'ai compris qu'il ne m'avait pas interrogé sans rien faire. .

"Je m'appelle Simon Kenton", dit-il après un moment de silence, comme s'il retournait en mémoire ce que je lui avais dit. "Le jour où j'avais seize ans, je suis parti dans la nature à cause de... il n'y a aucune raison pour que cette partie soit racontée. C'était il y a six ans, et au cours de ces années, j'ai vu une bonne partie de la vie à la frontière. , même si j'aurais peut-être mieux valu aller vers l'est et prendre la main de ceux qui se battent contre le roi. Mais la vie d'un soldat rapporterait mon grain, je pense, alors j'ai tenu bon ici, près de Fort. Pitt, où il y a eu beaucoup à faire."

« Fort Pitt ! » M'écriai-je. "Eh bien, c'est une longue distance en amont de la rivière !"

« Environ six cents milles.

"Es-tu ici en train de piéger ?" Ai-je demandé, l'interrogeant maintenant comme il m'avait demandé.

"Je pars pour Corn Island ?"

"Alors vous n'avez pas beaucoup plus loin à parcourir. Ce n'est pas à plus d'une douzaine de kilomètres en aval de la rivière."

"C'est ce que j'ai deviné. J'ai laissé mon canot là-bas et je suis allé sur le rivage en partie pour trouver quelque chose comme de la viande, et en partie pour jeter un coup d'œil autour de moi."

Ce fut alors, et avant que je puisse l'interroger davantage, il me dit pourquoi il était venu, dont j'ai déjà exposé la substance dans la langue d'un autre. A cette époque, il ne m'a pas donné l'histoire complète telle qu'elle avait été écrite par celui dont j'ai cité les paroles au début de ce conte ; mais je comprenais que les colons agissaient contre les Britanniques et les Indiens, et cela me semblait une entreprise des plus nobles, car, si les officiers du roi n'avaient pas incité les sauvages à des actes sanglants, la frontière aurait pu être une terre de paix.

Quand il fut arrivé à la fin de l'histoire, et que Simon Kenton n'était pas du genre à utiliser plus de mots qu'il n'était nécessaire, je lui proposai de m'accompagner chez moi, car il était alors près de midi, et j'avais soudain perdu toute envie de continuer le travail de pose de pièges.

Il accepta de bon gré, comme si cela favorisait ses projets, et nous retournâmes tous les deux vers la clairière, lui se déplaçant à travers le bosquet plus comme une ombre que comme un homme robuste dont le poids semblait s'opposer à un voyage aussi furtif. Jamais je n'avais vu des progrès aussi silencieux ; un écureuil aurait donné davantage de signes de sa présence, et je ne m'étonnerai pas qu'il ait été accueilli à Fort Pitt comme éclaireur, espion, ou comme on voudra appeler son métier.

Ma mère a accueilli le jeune homme comme elle l'aurait fait pour tout ce que j'aurais pu amener avec moi dans notre maison en Pennsylvanie et ici dans le désert, où nous n'avions pas vu de visage étrange mais amical depuis mon pauvre père. a été assassinée, elle était ravie de rencontrer quelqu'un qui pourrait nous donner des nouvelles du monde extérieur.

Simon Kenton n'était pas un homme raffiné comme on en rencontre dans les colonies orientales ; mais il donnait toutes les marques d'un dessein honnête, et il était impossible de rester longtemps en sa compagnie sans croire en lui quelqu'un qui serait à tout moment un ami fidèle.

Nous avons apprécié sa visite plus qu'on ne peut le dire, puis, sans avertissement, il a abordé ce sujet qui a eu une grande influence sur toute ma vie à partir de ce moment-là.

"Pourquoi essaies-tu de retenir ta mère ici dans le désert, Louis Nelson ?" » demanda-t-il soudain. "Un garçon comme vous ne peut sûrement pas espérer faire une clairière sans aide, et cela ne fait que la maintenir en grand danger d'une mort cruelle."

"Que puis-je faire d'autre ?" Ai-je demandé avec surprise, n'ayant aucune idée de sa véritable signification.

"Emmenez-la là où elle pourra au moins se coucher la nuit sans craindre d'être réveillée par la lueur du couteau à scalper ou les flammes de sa propre habitation", répondit-il décidément.

« Tout ce que nous avons au monde est ici », se disait ma mère à moitié.

"Alors il ne sera pas difficile de le quitter, car un garçon de l'âge de Louis devrait être capable de vous offrir aussi bien presque n'importe où ailleurs."

Je l'ai regardé avec étonnement, bouche bée, sur quoi il a dit d'un ton qui faisait croire qu'il ne disait que la vérité :

"Nous avons toutes les raisons de croire qu'il y aura des scènes sanglantes ici avant que le major Clarke ait terminé son travail. Vous ne pouvez pas espérer résister aux canailles peintes qui parcourront la rivière à la recherche de sang blanc qui pourra être versé. Envoyer ta mère à Fort Pitt par les bateaux qui reviendront bientôt, et rejoins-moi dans cette expédition. Tu peux aller la voir à l' automne avec assez d'argent pour fournir une autre maison aussi bonne, ou meilleure, que celle-ci, et " ce qui est plus important, vous aurez la satisfaction de savoir que votre repas est en sécurité.

Il n'y a aucune bonne raison pour que je relate ici tous les arguments utilisés par Simon Kenton pour me persuader de démolir la maison que mon père avait fondée, bien que en mauvais état, au prix de sa vie, ni encore parler de ses efforts pour ma mère croit que je serais moins en danger avec les forces du major Clarke que si je restais là, luttant pour progresser contre les empiètements de la nature sauvage, en même temps que je serais obligé de rester en alerte de peur qu'un ennemi impitoyable et sauvage ne prenne le dessus. ma vie.

Il suffit de dire qu'avant que les ombres de la nuit ne s'allongent, ma mère et moi étions convaincues qu'il avait donné de bons conseils et étions prêtes à les suivre dès qu'un nouveau jour se lèverait.

Nous décidâmes de laisser nos pauvres affaires là où elles étaient et partîmes avec Kenton le lendemain matin. Ma mère devait se rendre à Fort Pitt où elle serait protégée, et moi, avec le consentement du major Clarke, je devais m'enrôler dans la troupe dont on pensait qu'elle chasserait du pays ces officiers britanniques sans scrupules qui s'efforçaient constamment d'attiser le conflit. sauvages contre ceux des colons qui pensaient que les colons avaient de bonnes raisons de se rebeller contre le roi.

Jusqu'à une heure tardive, Simon Kenton s'est assis avec nous deux, racontant les nombreuses aventures qu'il avait vécues depuis le jour où il avait quitté sa maison du comté de Fauquier, en Virginie, six ans auparavant, et bien que les histoires liées aux actes d'audace et aux évasions de la longueur des cheveux , il n'y avait dans son discours rien de vantardise. C'était comme s'il parlait de ce qu'une autre personne avait fait, et sans motif d'éloge.

Jamais il ne parla des raisons pour lesquelles il avait quitté la maison, et il y avait quelque chose dans son attitude qui m'empêchait de poser des questions. Il a raconté autant de choses sur sa vie qu'il lui paraissait approprié, et nous étions satisfaits, le considérant comme un jeune homme au courage prouvé et aux objectifs honnêtes.

Kenton et moi dormions sur les peaux devant la cheminée, là où j'avais toujours fait mon lit, et nous avions si peu peur que l'ennemi ne soit proche, que je n'ai jamais même regardé dehors après que ma mère ait gravi l'échelle qui conduit au grenier rudimentaire qu'elle appelait sa chambre.

C'était la première fois depuis la mort cruelle de mon père que je ne faisais pas le tour de la cabane une ou plusieurs fois pour m'assurer que tout était calme ; l'arrivée de ce jeune homme avait chassé de mon esprit toute idée d'un danger possible.

Ceux qui vivent à la frontière dorment légèrement, il est vrai ; mais ils ne perdent pas beaucoup de temps à se retourner sur le lit avant de fermer les yeux dans le sommeil – et j'étais au pays des rêves quelques instants après m'être allongé de tout mon long.

Il me semblait que je venais tout juste de perdre connaissance lorsque je me suis réveillé pour trouver une main lourde couvrant ma bouche et entendre Simon Kenton murmurer :

« Nous devons sortir. Les peaux rouges sournoises ont encerclé la cabane. Êtes-vous réveillé ?

J'acquiesçai, car il aurait été impossible de parler tant que sa main semblait me couper le souffle, et il se leva doucement.

Il n'est pas nécessaire que je dise que nous, sur l'Ohio, en 1778, pensions d'abord le matin à nos fusils, et ne nous couchions jamais la nuit sans avoir les armes fiables où nous pouvions les saisir facilement. C'est ainsi que, lorsque j'ai suivi l'exemple de Kenton, je me suis levé prêt à lutter.

Je n'entendais pas un bruit, si ce n'est le murmure du vent parmi les arbres ; mais je savais que mon compagnon avait de bonnes raisons de donner l'alarme, et qu'il avait probablement été en alerte pendant que je m'apprêtais à dormir.

« Parlez à votre mère ; mais ne la laissez pas descendre ici », murmura-t-il lorsque je le rejoignis à la fenêtre aux volets fermés, où il se tenait l'oreille collée à la crevasse. "Ne faites pas de bruit, et peut-être pourrons-nous surprendre les serpents peints, ce qui sera un bon retournement de situation."

J'ai fait ce qu'il m'a demandé et j'ai entendu ma mère dire à voix basse alors que je me tournais pour descendre l'échelle :

"Soyez prudent, Louis, et ne vous exposez pas imprudemment pour donner à notre visiteur l'idée que vous pouvez l'égaler en audace."

Dans presque toutes autres circonstances, j'aurais pu rire à l'idée que je pourrais même espérer égaler Simon Kenton en bravoure ; mais avec la mort qui approche, on ne s'abandonne pas à la gaieté, et je me suis précipité aux côtés du jeune homme alors qu'une prière de reconnaissance montait de mon cœur car il avait été par hasard avec nous alors qu'il fallait une tête et un bras expérimentés. .

Ce n'est pas mon but de me rabaisser. Tout en considérant notre visiteur comme un aîné et une personne bien au fait des guerres telles que celles qui se déroulaient avant nous, je savais très bien que je n'aurais pas joué un rôle stupide si j'avais été seul. Je pourrais ne pas réussir à tenir tête aux sauvages ; mais ma propre folie n'aurait pas provoqué la mort.

La porte, ainsi que les volets des fenêtres, étaient percés de meurtrières, et ici Kenton prit position, me postant du côté de la maison le plus proche de la butte, d'où l'on pouvait naturellement s'attendre à ce que l'ennemi vienne.

Ma mère apparut avant que nous ayons pris toutes les dispositions pour le combat et se mit aussitôt à nous fournir des munitions et de la nourriture afin que nous ne soyons pas obligés de quitter nos postes pour en chercher l'un ou l'autre.

Puis elle prit le fusil de mon père, qui était appuyé contre le côté de la cabane la plus proche de moi, comme pour montrer que son intention était de faire tout ce qui était en son pouvoir pour la défense, sur quoi Kenton secoua la tête d'un air désapprobateur, et aurait pu s'est opposé à l'aide d'une femme; mais avant qu'il ait pu ouvrir les lèvres pour parler, les démons peints étaient sur nous.

Avec des cris et des cris, ils se sont approchés sous les murs de la cabane, là où nous ne pourrions peut-être pas tirer des perles sur eux, et au même instant une volée de coups de fusil a retenti alors que trois balles entraient entre les crevasses des bûches. .

CHAPITRE II.
ASSIÉGÉ.

Ce genre de guerre était nouveau pour moi. Bien que vivant à la frontière si loin de tout autre établissement, notre cabane n'avait jamais été attaquée par des sauvages.

Mon père a été tué à quelque distance de chez moi et, à en juger par les signes à proximité de l'endroit où il avait été torturé à mort, il semblait certain que pas plus de trois Indiens l'avaient capturé.

Il s'agissait très probablement d'un groupe de chasseurs, qui n'avaient pas vraiment fait de mal, mais qui voyaient l'occasion de tuer un homme blanc. S'ils avaient été sur le sentier de la guerre, notre cabane aurait probablement été attaquée.

Pour Simon Kenton, cependant, ce type de travail n'était en aucun cas nouveau. Il avait été assiégé à plusieurs reprises, comme nous l'avons appris par les récits que le jeune homme nous avait racontés peu de temps auparavant ; mais j'ai osé dire que jamais auparavant il n'avait été opposé à des ennemis peints avec une si petite force, et dans un endroit où il était peu probable qu'une aide puisse venir.

Notre cabane était située si loin de la rivière que ceux qui passaient en amont ou en aval ne soupçonnaient pas qu'une habitation était à proximité, et, à moins de bien connaître la clairière, une centaine d'hommes pouvaient aller et venir, sans jamais penser qu'un Un colon s'était aventuré dans ce voisinage.

C'est pour cette raison que moi, et très probablement Simon Kenton aussi, avons réalisé à quel point nous étions seuls. Si nous ne parvenions pas à repousser cet ennemi qui nous avait si soudainement assaillis, dans un laps de temps relativement court, la fin était proche pour tous, car aucun préparatif n'avait été fait pour un siège et nos réserves de provisions et d'eau, même avec un soin minutieux, l'élevage, doit être épuisé en quelques jours.

Tandis que tout cela me revenait à l'esprit et que j'appris qu'il était possible aux Indiens d'envoyer leurs balles à l'intérieur, à travers les interstices entre les rondins, à condition qu'ils soient suffisamment bons tireurs, mon cœur se serra. Je me suis dit que Kenton était arrivé trop tard pour nous rendre service, et trop tôt pour sa propre sécurité.

Comme je l'ai dit, les sauvages s'étaient glissés sous le couvert de l'obscurité, juste sous les murs de la cabane, et étaient capables de nous tirer dessus sans grand danger pour eux-mêmes. Notre seul espoir était de les déloger de leur position avantageuse, et j'en avais pleinement conscience, même si je n'avais aucune expérience de la guerre.

A la lecture de ce qui est écrit ici, on peut dire qu'un garçon de seize ans, dans la situation où je me trouvais à ce moment-là, ne pèserait pas ainsi calmement les chances pour et contre une défense réussie. En réponse à de telles critiques, je dirais qu'à mon avis, tout garçon d'intelligence ordinaire doit forcément avoir eu à peu près les mêmes pensées, en raison du temps de réflexion largement suffisant.

Après la première volée, et jusqu'à ce qu'une dizaine de minutes se soient écoulées, les Indiens n'ont donné aucun signe de vie. Tout était calme comme si nous étions tous les trois seuls dans le désert, comme si c'était un cauchemar hideux qui nous avait réveillés. Pendant ce temps, Simon Kenton se tenait comme une statue ; mais dans une attitude telle qu'elle me fit comprendre que tous ses sens étaient en éveil. C'était un combattant indien expérimenté, à l'écoute d'un signe qui devrait lui donner un indice sur la meilleure façon de protéger sa propre vie.

Ma mère restait près d'une des meurtrières à l'arrière de la maison, également en alerte, et je n'avais pas bougé de la position prise lors de nos premiers mauvais préparatifs de défense.

Soudain, et alors que j'en étais venu à croire que nos chances de réussir notre défense étaient en effet minces, Simon Kenton se déplaça rapidement, mais sans bruit, vers le côté de la pièce en face où je me trouvais, enfonça la bouche de son fusil entre les bûches près de moi. au sol et a tiré.

Un cri de douleur suivit le détonation de l'arme, et ce fut comme si le bruit venait de s'éteindre, lorsque le jeune homme remit son fusil en charge, tant ses mouvements étaient rapides.

Une, deux, trois minutes peut-être s'écoulèrent en silence, et de nouveau, mais dans un autre quart, Kenton répéta sa manœuvre, bien que pendant ce temps je n'eusse rien entendu d'autre que ma propre respiration laborieuse.

Un second cri venu du dehors annonça que deux des serpents peints avaient reçu une dose plus ou moins importante de plomb sans nous avoir fait de mal.

Je savais que les actes de Kenton étaient le résultat de son sens aigu de l'ouïe, et je me suis dit que cet homme devait être naturellement apte à un travail pareil, car il serait impossible à quiconque de former ses oreilles à une telle perfection.

Cette pensée m'est venue à l'esprit lorsque j'ai entendu un bruissement de feuillage à l'extérieur, près de l'endroit où je me trouvais, et à cet instant j'ai fait comme pour copier l'exemple de mon compagnon.

"Il est trop tard maintenant", dit-il à voix basse. "Les serpents s'en vont, satisfaits d'avoir l'intention de subir le pire d'un tel jeu. Ils élaboreront un autre plan avant de nous troubler à nouveau."

"Mais nous ne les avons sûrement pas battus aussi tôt," répondis-je comme un idiot, et il rit comme s'il y avait une pointe d'humour dans ma remarque.

"Ils sont venus ici pour piller cette cabane, et ne sont pas disposés à s'en aller si tôt. Nous en aurons assez de leur compagnie d'ici vingt-quatre heures, mais pour un moment, je pense que nous avons le temps de respirer. C'est la manière dont le roi britannique mène la guerre, provoquant les sauvages contre les colons pacifiques ; mais une fois que le major Clarke aura détruit les nids anglais, j'oserais dire que les redcoats scorbuteux tourneront leur attention vers d'autres choses que de jouer le rôle de bouchers."

"Si seulement nous avions commencé à rencontrer les forces du major Clarke dès votre arrivée", dis-je avec découragement, tandis que Simon Kenton me tapa amicalement sur l'épaule en criant :

" Ce n'est pas le moment de penser à ce qui aurait pu arriver, Louis Nelson. Les hommes à la frontière doivent toujours regarder vers l'avant, sinon, en regardant en arrière, leur cœur peut devenir craintif. Jusqu'à ce que nous ayons chassé ces sauvages, cela devrait être pour nous comme si Les forces du major Clarke n'étaient jamais parties."

Mère n'avait fait aucune tentative pour se joindre à la conversation. Son visage pâle et ses lèvres tremblantes indiquaient qu'elle pensait à cette époque, si proche dans le passé, où mon père avait été entre les griffes de ceux qui, à ce moment-là, avaient soif de notre sang, et où le chagrin éclipsait toutes les peurs que le l'avenir pourrait se présenter.

L'observant et sachant pertinemment quels terribles souvenirs lui revenaient à l'esprit, je me tus, m'efforçant de retenir du mieux que je pouvais la timidité qui menaçait de m'envahir, tandis que je réalisais ainsi ce que feraient les misérables du dehors une fois notre arrivée terminée. la faible défense a été vaincue.

Simon Kenton se déplaçait ici et là sans bruit comme un chat, avec la seule intention d'en apprendre autant sur ce qui pourrait se passer dehors que ses oreilles pouvaient le lui dire.

Tandis que je restais immobile et silencieux au poste qui m'était assigné, il ne cessa jamais un instant ses mouvements furtifs, et le savoir si vivement en alerte contribua beaucoup à fortifier mon cœur faible.

Après peut-être une heure passée ainsi en silence, un grand espoir me vint et, bêtement, je lui donnai des mots.

« Les sauvages, constatant que nous étions préparés à les affronter, se sont retirés », dis-je, ce à quoi Kenton sourit avec pitié comme on pourrait le faire à la remarque stupide d'un enfant.

"Nous ne nous en débarrassons pas si facilement, sinon ils sont différents de tous les scélérats que j'ai eu la chance de rencontrer. Une fois que nous avons attaqué et que le sang a coulé, je vous le garantis, nous devons les repousser par la force. avant que nous puissions compter sur leur départ de cette clairière.

Quand peut-être une autre heure s'est écoulée, et pourtant l'ennemi n'a fait aucun signe, je suis devenu plus courageux et j'ai mangé de la galette de maïs et du gibier séché qui avaient été préparés pour notre rafraîchissement ; mais sa mère restait plongée dans de sombres pensées, et Simon Kenton ne relâchait pas même un instant sa vigilance.

Il devait être bien avancé dans la matinée avant que nous entendions parler de ceux dont le grand désir était de verser notre sang.

Puis la première indication que j'eus d'un mouvement fut le bruit du fusil de Kenton.

"As-tu vu quelque chose ?" Ai-je demandé en tremblant.

"Non, mais ils arrivent par ici avec des broussailles, avec l'idée de mettre le feu à la cabane."

Même si le danger qui nous guettait était grand, je ne pouvais réprimer ma curiosité. Il me semblait presque qu'il m'avait fait une réponse stupide, car comment savoir, quand il faisait si sombre qu'on ne pouvait voir à trois pas de la cabane dans les deux sens, que les sauvages se préparaient à une telle tentative, et je lui ai demandé comment il était si positif quant à leurs mouvements.

"Je les ai entendus arracher les branches sèches avec leurs couteaux et, juste avant de tirer, j'ai compris, au bruit dans le fourré, qu'ils traînaient les broussailles par ici."

J'étais presque déconcerté par les connaissances de cet homme en matière de menuiserie ; mais je me suis abstenu de commenter, me contentant de dire d'un ton de satisfaction :

"Ils ne feront pas beaucoup de progrès pour mettre le feu à ces bûches vertes. Il n'y a que deux jours que la pluie est tombée à tel torrent qu'il faut détremper d'eau l'extérieur de la cabane."

"Ils réussiront peut-être à remplir la pièce de fumée; mais cela ne compte pas. Les flammes nous donneront une opportunité qu'il ne faut pas négliger."

Il est possible que les sauvages aient compris tout cela avant d'exécuter le plan que Kenton croyait formé, car après qu'il eut déchargé son fusil, nous n'en entendîmes plus parler, et, finalement, quand il parut qu'au moins huit heures quarante Les heures passèrent, la lumière grise se faufila à travers le bosquet, dissipant lentement l'obscurité, jusqu'à ce que nous ayons une vision claire depuis les meurtrières de chaque côté.

À vingt pas de la maison gisait un tas de broussailles sèches, indiquant que les oreilles de Simon Kenton ne l'avaient pas trompé.

Il n'y avait aucun signe de notre ennemi. Pour autant que nos yeux pouvaient lui donner des renseignements, nous étions seuls dans le fourré, sans personne pour nous importuner ou nous faire peur.

Kenton entreprit d'allumer un feu dans la cheminée, et cet acte fit sortir ma mère de ses souvenirs douloureux et lui fit prendre conscience du présent.

Tous ses instincts de femme au foyer reprirent possession d'elle et elle se mit à préparer le petit-déjeuner, peut-être le dernier repas que nous pourrions jamais manger.

"Tu crois que les sauvages comptent bien nous affamer ?" Ai-je demandé, plutôt dans le but d'entamer une conversation que d'obtenir des informations.

"Il se peut que tout le groupe ne soit pas encore arrivé et que ceux qui ont lancé la première attaque attendent que d'autres arrivent. Si toute la force est là, alors il est certain qu'ils comptent nous affamer, même si jusqu'à présent comme les méchants le savent, cela peut s'avérer une tâche longue. Si vous et moi étions seuls, je préférerais essayer de leur donner la fuite après minuit ; mais ce serait une folie de tenter quoi que ce soit de ce genre pendant que votre mère doit être protégée. ".

"Vous ne la trouverez pas lâche", dis-je fièrement, ce à quoi il répondit en riant :

" Nous en avons déjà eu de bonnes preuves ; mais il y aurait trop de danger à tenter de nous frayer un chemin pendant qu'elle était avec nous. Après un certain temps... "

Il a été interrompu par des coups de fusil au loin. D'abord un, puis deux, et, après un intervalle de quatre ou cinq secondes, ce qui ressemblait à une volée normale.

Puis vinrent des coups de feu épars, par lesquels je comprenais que celui qui était engagé dans un combat meurtrier avait réussi à se mettre à l'abri et ne tirait que lorsque la possibilité d'atteindre une cible se présentait.

« Se pourrait-il qu'une partie des forces du major Clarke soit venue vers nous ? Ai-je demandé alors qu'un grand espoir me venait au cœur ; mais Simon Kenton l'a rapidement précipité.

"Les hommes du major doivent descendre la rivière et ne s'arrêteront pas de ce côté de Corn Island, sauf en cas de nécessité absolue."

"Alors sur qui les sauvages ont-ils pu tirer ?"

"Un homme blanc a dû s'aventurer par là, tout comme moi, et s'est retrouvé au milieu d'eux."

"Mais depuis que nous vivons ici, vous êtes le premier à être arrivé dans cette clairière par accident", répondis-je, toujours déterminé à croire que certaines des forces du major avaient dû sortir de leur route et étaient donc suffisamment proches pour prêtez votre aide dans nos moments difficiles.

"C'est un trappeur ou un colon", dit Kenton d'un ton décisif, avec l'air de quelqu'un qui n'admettra pas sa faute. "La question qui me vient à l'esprit est de savoir si je ne suis pas obligé de donner un coup de main."

" Vous n'auriez sûrement jamais songé à quitter la cabane en plein jour, quand vous savez par hasard que les sauvages la surveillent ? " » dit ma mère alarmée, et Kenton se détourna comme s'il réalisait la véracité de ses paroles.

Il ne m'est pas possible de mettre sur papier des choses qui permettraient à autrui de comprendre nos sentiments à cette époque où nous savions que les hommes blancs luttaient pour leur vie et avaient besoin de l'aide que nous étions impuissants à leur apporter.

Rester à l'abri dans un pareil moment semblait être la plus grande lâcheté, et pourtant nous savions tous très bien que la mort rapide viendrait à celui qui s'aventurerait dehors.

Cinq minutes après le premier rapport, tout était de nouveau silencieux, pendant peut-être une demi-heure, pendant laquelle chacun de nous, même Kenton, en était venu à espérer que les Indiens étaient découragés dans leur tentative de meurtre, et avec cet espoir est venu dans mon esprit. J'ai ressenti un regret très intense de ne pas avoir été en mesure de prévenir de notre cruel besoin.

Je persistais à croire que quelques hommes du major Clarke étaient à portée de main, et je me disais que nous aurions peut-être échappé à tous nos périls s'il avait été possible de donner l'alarme.

Au bout d'une demi-heure, les coups de feu ont repris, non pas par volées, mais par coups de feu à dix ou quinze secondes d'intervalle, et alors nous avons tous cru entendre des cris de douleur et d'exultation.

"Les sauvages ont réussi !" » dit sèchement Kenton. "Celui qui a fait une telle erreur a déjà payé pour son erreur, ou le fera avant que le soleil ne se lève à nouveau."

Mère, son esprit de nouveau dans le passé, pâlit comme la mort et je tremblai comme quelqu'un souffrant de fièvre, car il me semblait à ce moment-là que c'était un signe de ce que serait notre sort.

Le petit-déjeuner que ma mère avait préparé fut négligé jusqu'à quelque temps plus tard, lorsque Simon Kenton dit avec un évident effort de gaieté :

"Nous faisons l'imbécile en restant ici comme si nous attendions que ces scélérats peints fassent leur volonté. Nous n'avons aucune raison de désespérer car ils ont capturé des malheureux, mais nous devrions être d'autant plus déterminés à les vaincre."

Puis il termina adroitement le travail que mère avait commencé et insista pour que nous partagions le repas, car, selon lui, il n'y avait aucune raison pour que nous montions la garde maintenant que le soleil était levé.

Dans de telles circonstances, il était difficile de manger, du moins je le trouvais ainsi ; la nourriture m'étouffait presque, mais je la forçai à avaler à cause de son ordre sévère, et nous fîmes au moins l'apparence d'un petit-déjeuner, avec autant d'entrain qu'on peut imaginer que les gens en montrent à l'ombre de la potence.

Lorsque la prétention d'un repas fut terminée, Kenton se leva de table et resta un instant devant la meurtrière de la porte, poussant une faible exclamation de surprise ou de consternation tandis qu'il regardait dehors.

En un clin d'œil, j'étais à ses côtés et j'ai vu ce qui faisait couler le froid de la peur dans mon dos.

Directement devant la cabane, vers la rivière, hors de portée de nos fusils, se tenaient un homme et un garçon, chacun lié les mains et les pieds à un tronc d'arbre.

C'était le bruit de leurs fusils que nous entendions, et la fortune ne leur avait pas été favorable, sinon la mort serait survenue pendant le combat. On l'avait retardé pour qu'il s'accompagnât des tortures les plus vives.

"Sont-ils vos voisins ?" » demanda Kenton.

"Pour autant que je sache, il n'y a aucun colon à proximité."

"Alors cet homme et ce garçon sont venus chercher un endroit pour faire une clairière, ou se dirigent vers l'est depuis un point en contrebas de la rivière."

Cela ne me semblait pas une explication raisonnable, car si les prisonniers avaient remonté la rivière, ils ne se seraient pas aventurés aussi loin que cela aurait dû être le cas lorsque les Indiens les ont découverts ; mais j'avais le cœur trop lourd pour admettre le moindre argument contre cette affirmation, qui, en fait, n'avait que peu d'importance maintenant qu'ils étaient voués à une mort cruelle.

Et qu'ils étaient condamnés, nous le savions très bien. Les sauvages comptaient les torturer là où nous pourrions avoir une vue complète de l'horrible spectacle, et nous ne pouvions espérer que rien n'arriverait pour l'empêcher.

La veille au soir, Simon Kenton nous avait raconté l'histoire d'un colon qui était assiégé comme nous alors, et dont le voisin le plus proche avait été torturé sur le bûcher dans son champ de vision afin que l'homme impuissant puisse voir ce qui l'attendait quand il ne pouvait plus se défendre.

En écoutant cette histoire, il m'était impossible de réaliser à quel point la situation de l'assiégé devait être angoissante. Maintenant, je le comprenais parfaitement, et je résolus de ne plus regarder de ce côté de la maison, de peur que les démons peints ne commencent leur horrible travail avant la nuit.

Mère savait par notre conversation ce que nous regardions et restait près de la cheminée, s'efforçant d'étouffer les sanglots de chagrin et de sympathie qui secouaient son corps.

Après avoir contemplé les captifs sans défense pendant cinq minutes ou plus, comme pour se représenter de manière indélébile tout ce qui l'entourait, Simon Kenton commença à se déplacer d'avant en arrière à l'extrémité de la pièce, non pas en alerte contre l'ennemi, mais apparemment plongé dans les profondeurs de la pièce. pensée.

Au bout d'un moment, il me dit sèchement :

"Gardez un oeil de chaque côté, mon garçon, car certains serpents pourraient devenir négligents, et vous aurez une chance."

Puis il se remit à faire les cent pas, et après ce qui me parut un très long moment de silence des plus douloureux, il me dit comme s'il m'annonçait le fait le plus banal :

"Je compte bien donner un coup de main à ces pauvres gars là-bas."

« Donner un coup de main ! répétai-je avec étonnement. « N'avez-vous pas déclaré qu'il était impossible de quitter cette maison sans être abattu ?

"Oui, et je pense que c'est presque la vérité."

"Alors, comment pouvez-vous leur apporter de l'aide ?"

"Je ne compte pas essayer de faire quoi que ce soit pour le moment. Il me semble que nous aurons tout le temps, car à moins que quelque chose n'interrompe les chiens, ils ne tortureront les prisonniers que le soir. Quand le soleil se couchera, je sortirai en rampant. ".

« Et c'est alors que les Indiens veilleront de plus près », risquai-je de dire.

"Oui, mon garçon, tu as raison, et pourtant nous devons trouver un moyen de les déjouer. Au lieu d'ouvrir la porte, je vais me frayer un chemin par la petite fenêtre du fond, qui peut être mieux gardée par toi et ta mère. pendant que le volet est déverrouillé."

"J'irai avec toi", dis-je, parlant impulsivement et réalisant à peine le sens des mots.

"Vous ne ferez rien de tel. Votre devoir est ici et le mien là-bas."

CHAPITRE III.
L'AVENTURE.

Je ne pouvais pas croire que Simon Kenton oserait entreprendre l'aventure dont il avait parlé, car en vérité, cela ne semblait rien de moins que le suicide de soi-même.

Nous savions par hasard que les Indiens cachés dans les fourrés autour de nous surveillaient attentivement la cabane, à l'affût d'un mouvement de ce genre, et il n'y avait pas une seule chance sur cent que l'un de nous puisse même montrer sa tête par la fenêtre ou la porte sans être abattu.

Cela étant, et il ne semblait y avoir aucun doute là-dessus, comment s'aventurer jusqu'à l'endroit où les pauvres captifs étaient attachés aux arbres, attendant avec une certaine certitude toutes les terribles tortures que ces brutes pouvaient inventer ?

En réfléchissant à la question après que Simon Kenton eut déclaré son intention, je me dis qu'il avait parlé avec la plénitude de son cœur, et non avec la conviction qu'il pourrait mettre sa proposition à exécution. Je soutenais mentalement que son désir d'aider les malheureuses créatures l'avait amené à croire que l'impossible pouvait être accompli ; mais après avoir eu le temps de réfléchir à fond à la question, il se rendrait compte qu'il ne pouvait rien faire d'autre que sa propre mort.

Après avoir dit ce qu'il ferait, Kenton allait et venait, surveillant attentivement le bosquet et ne disant rien.

Une fois, j'aurais parlé du moment où le groupe du major Clarke pourrait être attendu à Corn Island ; mais il me fit signe de s'éloigner comme s'il n'avait aucune envie de discuter.

Je m'étais promis de ne pas regarder du côté où l'on apercevait les malheureux captifs ; mais c'était comme si leur impuissance me fascinait à un tel point que je ne pouvais détourner mes yeux d'eux.

J'ai regardé à de courts intervalles, mais pas plus de quelques secondes à la fois, et je n'ai vu aucun changement, sauf une fois où il m'a semblé que l'homme parlait sérieusement au garçon.

Je pouvais facilement imaginer que l'aîné essayait d'encourager le garçon pour cette terrible épreuve, et les larmes coulèrent dans mes yeux alors que je m'évanouissais d'horreur en pensant à ce que la soirée allait apporter.

Il n'y a aucune bonne raison pour que j'essaie de donner les détails de nos mouvements ou de notre conversation au cours de cette terriblement longue journée. Nous parlions peu ensemble, d'abord parce que Simon Kenton était plongé dans ses propres pensées ou dans ses propres projets, et ensuite parce que le chagrin de ma mère avait été tellement excité par la vue des captifs que ses sanglots mettaient fin à la parole.

À deux reprises, Kenton aperçut une touffe de plumes dans les broussailles, et les deux fois il déchargea son fusil ; une fois, il poussa un cri de douleur aigu, et une fois de plus il manqua manifestement son objectif, ce qui n'était en rien surprenant dans les circonstances.

Tard dans l'après-midi, ma mère a préparé un autre repas et nous avons mangé comme par sens du devoir. Ce n'était que justice envers notre corps que de le faire, puisque personne ne pouvait dire quand nous pourrions avoir une autre opportunité.

Puis les ombres du soir commencèrent à s'allonger, et je regardais de temps en temps Simon Kenton pour savoir comment il pourrait reculer après avoir annoncé si positivement qu'il ferait un effort pour secourir les captifs.

Mais il n'avait aucune idée de reculer, comme j'aurais dû le savoir si je l'avais connu plus longtemps.

Durant la dernière partie de l'après-midi, il inspecta à intervalles fréquents le bosquet à l'arrière de la maison ; il ouvrit partiellement le volet deux ou trois fois pour s'assurer qu'il pouvait être basculé vers l'extérieur sans bruit, et, enfin, il jeta sa chemise de chasse, de peur que le vêtement ne gêne ses mouvements.

"Comptez-vous vraiment sur cette tentative ?" Je lui demandai quand il s'était ainsi mis en forme pour se faufiler dans les fourrés.

"Je l'ai déjà dit," répondit-il calmement.

"Il y a trop de danger ! Vous ne devez pas risquer votre vie quand toutes les chances sont contre vous !" J'ai pleuré avec véhémence.

"Il sera plus facile de partir que de rester ici et d'écouter cette orgie diabolique qui commencera avant que de nombreuses heures ne soient écoulées !"

"Vous ne pouvez espérer que partager le sort de ce pauvre garçon !" M'écriai-je avec impatience.

"Il y a une chance que je m'en sorte, et le jeu en vaut la chandelle. Je ne vous raconterai peut-être pas l'histoire, mais il y a de bonnes raisons pour lesquelles moi, plus que tout autre, devrais risquer ma vie dans un effort pour sauver les autres. ; ou, pour le dire en d'autres termes, pourquoi je devrais mourir en essayant d'aider ces pauvres gens, plutôt que de rester inactif. »

Il parlait d'un ton si solennel que je n'aurais pas pu m'opposer davantage à son départ, même si cela me faisait de la peine, et je le regardais en silence, me demandant quel pouvait être le sens de ces paroles étranges.

Maintenant qu'il paraissait certain qu'il partirait, et tout aussi certain qu'il serait tué, je commençais à comprendre quel pourrait être notre état après qu'il nous eût laissé, ma mère et moi, seuls pour défendre la cabine contre l'équipage peint qui avait soif de notre sang.

Il était peu probable que la pauvre femme et moi puissions tenir plusieurs heures après le départ de ce brave garçon, si bon soit notre courage ou notre forte endurance. Les Indiens allaient bientôt nous vaincre, et je savais très bien quelle serait la fin à moins que j'aie la chance de mourir au combat.

Par conséquent, c'était comme si j'aidais à tenter de me suicider, lorsque j'ai fait ce que Simon Kenton avait demandé.

« Vous devez vous tenir près de la fenêtre pendant que je saute dehors, » dit-il quand le soir était presque venu, « et au premier éclair du fusil d'un peau-rouge, tirer au hasard si vous ne voyez pas de cible. La fumée servira à cacher partiellement mon "Votre mère doit prendre position devant la porte d'entrée jusqu'à ce qu'elle entende votre feu, puis elle me tirera une balle par-dessus la tête dès que possible. Je compte que vous pourrez retenir les sauvages jusqu'à ce que j'aie " Après cela, le volet sera rapidement fermé et vous monterez tous deux la garde à la porte d'entrée, à moins qu'un danger ne menace par l'arrière. Si vous entendez le cri d'un hibou répété trois fois de n'importe où, trimestre, vous pouvez être sûr que j'ai réussi, et il n'est pas nécessaire de dire que vous devez être sur vos gardes à mon arrivée. Il est possible que je puisse entrer de nouveau ici. Si j'échoue, et mais restez libre, vous pouvez être sûr que de l'aide arrivera bientôt pour lever le siège.

Il avait traversé la pièce en parlant, et se tenait maintenant près de la fenêtre par laquelle il se proposait de passer.

Je m'avançai pour lui serrer la main, car je savais très bien qu'il ne s'attarderait pas une fois que tout serait prêt pour cette périlleuse aventure.

C'était comme s'il ne me voyait pas – peut-être que cela ne convenait pas à son humeur de me dire au revoir. Quoi qu'il en soit, il me cachait son visage, même après que le volet ait été ouvert, puis, sans tourner la tête, il a murmuré :

"Tiens-toi prêt ! Souviens-toi de ce que j'ai dit !"

Puis, d'un mouvement rapide, il ouvrit le volet et sauta à travers presque avant que je réalise son objectif. Son bond rapide m'a déconcerté et je suis resté à regarder dehors, le fusil levé, sans me rendre compte de la nécessité de fermer l'ouverture.

C'est maman qui a doucement mis le volet en place et a remis les barreaux, et je suis resté là comme un imbécile jusqu'à ce que la maison soit à nouveau barricadée, quand j'ai dit bêtement :

"Les sauvages ne l'ont pas vu !"

"C'est la miséricorde de Dieu, Louis," répondit dévotement ma mère. « Peut-être lui sera-t-il permis de sauver ces pauvres créatures qui ont déjà dû subir une centaine de morts !

"Il ne peut pas réussir alors que tant d'yeux perçants sont à portée de main. Il est tout à fait raisonnable de supposer que tout l'équipage est à proximité des captifs, alors comment un seul homme peut-il les vaincre ?"

" Si telle est la volonté du Seigneur, il n'est pas nécessaire de compter les probabilités. " Et après avoir dit cela, ma mère s'agenouilla près de la table, tandis que moi, un peu remis de ma peur et de mon étonnement, je me dirigeais vers la meurtrière de la porte qui Je pourrais garder les captifs à l'œil dans la mesure où l'obscurité le permettait.

Il ne faisait pas encore nuit, quoique l'obscurité de la forêt fût si dense qu'on ne pouvait distinguer les objets bien loin.

Simon Kenton s'était aventuré à l'époque où le gris du crépuscule déformait tout, faisant paraître étranges même les éléments les plus familiers du paysage, et ce faisant, il avait fait preuve de beaucoup de sagesse.

Une heure plus tard, les Indiens se seraient rapprochés de la cabane, soupçonnant que nous pourrions tenter de nous échapper à la faveur de l'obscurité, et une heure plus tôt, la lumière du jour a coupé tout espoir de sortir sans être vu.

Calculant le temps avec précision, se déplaçant rapidement comme peu de gens pouvaient se déplacer, il avait quitté la cabine sans alarmer l'ennemi méfiant, et jusqu'à présent, son succès était si grand qu'il m'étonnait.

Je pouvais encore à peine distinguer les formes des malheureux prisonniers, et, se déplaçant autour d'eux comme des choses maléfiques, se trouvaient des silhouettes semblables à des ombres que je savais être des Indiens.

Naturellement, il m'était impossible de voir les visages de ces deux-là sur lesquels planait une mort des plus cruelles ; mais je pouvais bien imaginer l'expression de désespoir sur leurs visages.

Ils ne pouvaient manquer de comprendre qu'il était pire que vain d'espérer une aide à l'heure de leur extrémité, et pourtant je ne doute pas qu'ils aient essayé de s'encourager en disant qu'il était possible qu'un groupe d'hommes blancs puisse passer par là avant l'arrivée des troupes. une horrible orgie devrait commencer.

Tout en regardant par la meurtrière, ma mère restant à genoux en train de prier avec ferveur, je me répétais sans cesse que Simon Kenton ne pouvait rien faire à lui seul contre cette foule de brutes meurtrières. En fait, maintenant qu'il était hors de la maison, toutes les chances étaient contre que je le revoie un jour. Il était peu probable qu'il puisse sauver sa propre vie s'il faisait le moindre effort pour sauver les prisonniers.

Les ombres de la nuit se rassemblaient rapidement, et pourtant il semblait que chaque seconde durait une minute entière. J'étais dans cet état d'esprit angoissant où l'on est à la fois élevé par l'espoir et enterré par le désespoir.

Même si mes oreilles étaient tendues pour capter le moindre son, je n'entendais rien d'autre que le bruissement du feuillage agité par le doux vent nocturne. Si Simon Kenton tentait de s'approcher des prisonniers, il avait dû faire un détour par le fourré pour éviter les sauvages qui, sans doute, surveillaient de près la cabane, de peur que nous, les malheureux, ne leur fauchions.

Au bout d'un moment, et il m'était impossible de décider si j'étais resté de garde une heure ou deux, une petite lueur apparut dans la direction où je savais que les prisonniers étaient stationnés, et à mesure qu'elle grandissait, je compris que les brutes se préparaient à leur horrible jeu.

La flamme est devenue de plus en plus brillante jusqu'à ce que je puisse distinguer les formes des personnes sans défense, avec des silhouettes sombres flottant entre mon champ de vision et le feu, et j'ai mentalement rejoint ma mère dans sa prière pour le soulagement de ceux que je croyais au-delà de tout. aide terrestre.

Comme je savais que les sauvages l'avaient fait à maintes reprises auparavant, ils étaient sur le point de le faire maintenant : nous torturer en même temps qu'ils infligeaient la mort à leurs prisonniers.

Il fallait nous montrer quel serait rapidement notre propre sort.

Pendant que j'observais impuissant les horribles préparatifs, une certaine frénésie de rage s'empara de moi, et je ne prêtai plus attention à rien d'autre qu'au désir de faire mourir certains des membres de cet équipage diabolique avant qu'ils ne commencent l'œuvre de torture.

"Je ne peux pas rester ici plus longtemps, maman !" M'écriai-je soudain. "Si Simon Kenton risque sa vie pour aider ceux qui lui sont étrangers, pourquoi ne devrais-je pas être aussi courageux ? Seul, il ne peut espérer effectuer un sauvetage et périra sûrement. Avec l'aide d'un autre pour l'aider, ce qui semble désormais impossible. peut être entouré. "

Quand je pense à la scène maintenant, ce qui est étonnant est que ma chère mère ne m'ait pas rappelé quel serait son sort si Kenton et moi étions capturés

; mais la brave femme ne prêta aucune attention à elle-même, ni à son amour pour moi.

Levant les yeux tout en restant à genoux, elle dit doucement :

" Si tu crois que c'est ton devoir, mon fils, va-t'en, et que le bon Dieu te fasse revenir vivant ! "

Ce n'étaient pas exactement le genre de paroles les mieux faites pour donner du courage à un garçon, et je compris qu'en l'écoutant plusieurs secondes, je deviendrais lâche. Même si je me tenais à ses côtés, ma détermination s'est affaiblie ; dans cinq minutes, j'aurais peut-être encore plus de timidité.

"Je quitterai la cabane comme il l'a fait, mère, et tu te tiendras à la porte prête à nous donner accès, s'il en est ainsi, nous revenons."

Mère se releva rapidement ; m'embrassa avec ferveur, puis, sans tarder, comme s'il comprenait qu'il ne fallait pas prolonger la séparation, il commença à ouvrir le volet.

En un clin d'œil, j'avais mis une corne à poudre et une pochette ; mon fusil se portait bien et il était prêt à suivre Simon Kenton dans son entreprise désespérée.

Le volet était ouvert. N'osant pas regarder en arrière, je m'élançai, croyant que le bruit d'un fusil sonnerait le glas ; mais aucun son n'est venu.

Les sauvages, pensant que nous étions enfermés en toute sécurité, s'étaient rassemblés autour des prisonniers, prêts à commencer le terrible travail, et j'étais libre de me précipiter vers ma propre perte.

Même si je pensais qu'il y avait peu de chances que je réussisse à sauver ma vie, je n'ai pas été négligent.

Avancer furtivement ; m'arrêtant à chaque mètre de distance pour savoir si l'un des ennemis pouvait être à proximité, j'avançai en cercle, comptant sur la vue des prisonniers à un point à mi-chemin entre la cabane et cette bifurcation du chemin qui menait à le bord de la rivière.

À chaque instant, je m'attendais à tomber sur Simon Kenton, et au fil des instants, je commençais à comprendre que s'il m'entendait approcher par derrière, il pourrait se jeter sur moi, croyant qu'un des sauvages rampait sur lui, et une telle prise de conscience me fit espérer qu'il serait possible de l'éviter.

C'était une situation étrange, car nous avions également peur des amis et des ennemis, et cela aurait pu être évité dans une certaine mesure si j'avais seulement accompagné le jeune éclaireur.

Cependant, rien ne gêna ma progression jusqu'à ce que je sois arrivé au point que j'avais visé et que je vis devant moi les préparatifs du supplice.

Deux feux avaient été allumés à dix ou douze mètres des prisonniers, évidemment pour les éclairer, et aux pieds des malheureux était entassé une quantité de bois sec, qui s'allumait pour devenir une flamme lorsque la première portion du terrible les travaux étaient terminés.

Maintenant, les sauvages se préparaient à danser autour de leurs victimes, et j'ai vu quatorze de ces brutes peintes, hideuses par leurs plumes, leurs perles et leurs couleurs criardes.

Décrire ce qui a suivi immédiatement après que j'ai eu une vue de la scène serait impossible. Les démons avançaient alternativement vers les prisonniers et reculaient, se déplaçant d'un certain pas mesuré et brandissant des armes au visage des deux prisonniers qui étaient impuissants.

Le garçon semblait littéralement figé de terreur ; mais l'homme faisait face à ses cruels ennemis comme s'il les défiait d'arracher un cri de douleur de ses lèvres comprimées.

Peut-être cinq minutes se sont écoulées pendant que je restais ainsi immobile dans le fourré à une demi-portée de fusil, puis l'une des brutes meurtrières s'est approchée du garçon, le couteau à la main.

Je savais que le pauvre garçon allait être mutilé d'une manière ou d'une autre. La même poussée de rage aveuglante qui m'avait envahi alors que j'étais dans la cabine avait vaincu tout sentiment de danger.

Ne prêtant aucune attention à mes propres risques ; ne pensant qu'à sauver ce garçon effrayé d'une douleur immédiate, je tirai à bout portant sur la brute qui eût fait couler le premier sang, et lorsqu'il tomba comme frappé par la foudre, un cri de triomphe sortit de mes lèvres.

Ce qui a suivi, je suis incapable de l'écrire de ma propre connaissance, car j'étais devenu comme quelqu'un dans une fièvre de rage et de désespoir.

Je me mis à recharger mon fusil sans prêter attention à la précipitation qui aurait dû suivre le coup, et vaguement, comme si c'était quelque chose qui ne m'intéressait pas, j'entendis le bruit d'un autre fusil ; un autre cri qui ne semblait que l'écho du mien.

Avant que mon cerveau fiévreux ait pris tout cela pour acquis, j'étais prêt à tirer à nouveau, et jamais je n'avais visé avec plus de délibération. J'étais certain que ma deuxième balle trouverait sa cible, et lorsqu'elle fonçait sur sa route, je n'avais pas besoin de regarder la brute à plumes à portée pour savoir qu'elle était morte ou handicapée.

La brute tomba comme frappée par la foudre, et un cri de triomphe sortit de mes lèvres. — Page 62. *Sur la frontière du Kentucky.*

De nouveau, ce fut comme l'écho de mon propre fusil, et je vis quatre des méchants au sol, tandis que les autres s'étaient dirigés vers l'abri le plus proche, chacun cherchant un tronc d'arbre qui abriterait son corps sans valeur.

Je réalisai alors que j'étais arrivé presque en face de l'endroit où se trouvait Simon Kenton, et que c'était lui qui avait tiré immédiatement après que mon fusil eut parlé.

Ainsi attaqués de part et d'autre, les sauvages devaient se croire assiégés par une force nombreuse, et leur seul désir était de se mettre à l'abri du feu mortel.

Tout en chargeant mon fusil, j'ai regardé un instant le garçon. Ses yeux étaient grands ouverts ; ses lèvres s'entrouvrirent comme pour crier, et sur son visage se trouvait une expression mêlée d'espoir et de doute douloureuse par son intensité.

Encore une fois, j'ai vu une cible. À vingt pas de là se trouvait une de ces brutes qui sautait d'arbre en arbre comme pour gagner la rivière, et je m'arrêtai aussitôt.

Dix secondes plus tard, on entendit un coup de fusil provenant de l'autre côté du chemin, et je savais que Simon Kenton n'avait pas gaspillé une balle.

Pas moins de six des brutes à plumes étaient hors de combat, et ce ne fut qu'avec difficulté que je réprimai un cri de triomphe, car je savais très bien que les méchants ne s'attarderaient pas longtemps contre un ennemi invisible dont le but était si mortel.

J'ai tiré encore deux fois, et une fois le fusil de Kenton a sonné. Puis je crus que les brutes s'étaient réfugiées dans la fuite, car deux passèrent dans mon champ de vision pendant que je rechargeais mon arme.

« Kenton ! » J'ai crié, en tenant le fusil à mon épaule, de peur qu'en élevant la voix, j'aurais pu attirer l'ennemi sur moi, et avant qu'on ait pu en compter vingt, le jeune éclaireur était à mes côtés.

"Est-ce bien toi, mon garçon ?" » demanda-t-il comme submergé d'étonnement.

"Et pourquoi pas ? J'ai pu participer un peu au sauvetage ?"

" *Une partie* , mon garçon ? Vous avez rendu cela possible alors que je croyais que rien ne pouvait être fait. Sans votre attaque, ces pauvres gars là-bas seraient encore à l'agonie, car je n'aurais pas pu tirer sans attirer toute la bande sur moi. Un coup de feu. des deux côtés, c'est ce qui leur a fait croire que nous avions une force importante. »

« Libérons ces prisonniers », m'écriai-je, n'attendant plus de nouvelles et désireux de les soulager de leur misère.

"Attends," murmura-t-il en me saisissant par le bras. "Les serpents peuvent se mettre en tête de faire demi-tour, et ce sera bien si j'accélère un peu leur pas. Restez ici et ne sortez pas de votre abri jusqu'à ce que je revienne."

Il s'en alla comme un éclair et sans plus de bruit, tandis que je restais en alerte pour une attaque ; mais brûlant de libérer le pauvre garçon, qui cherchait çà et là des yeux pour savoir si ceux qui l'avaient sauvé de la douleur étaient encore à portée de main.

Alors l'homme dit des paroles d'espoir au garçon, comme je pouvais le comprendre à l'expression de leurs deux visages, et j'attendais, le doigt sur la gâchette du fusil, de peur que les sauvages ne fassent un effort désespéré pour accomplir leur cruel travail.

Sûrement si l'un des Indiens était à portée de main maintenant, on tenterait de tuer les prisonniers, et après avoir attendu peut-être cinq minutes, je sortis hardiment sous les rayons de lumière.

A proximité se trouvaient quatre fusils, là où ils avaient été laissés contre un jeune arbre pendant que leurs propriétaires prenaient part à la danse de la mort, et je savais que nous pourrions ajouter les prisonniers, bien armés, à notre force.

Le garçon poussa un cri sourd de joie très intense en me voyant ; mais l'homme dit doucement, comme s'il était tout naturel que je sois là :

"Vous êtes arrivé à temps. Combien sont avec vous ?"

"Un seul autre, monsieur, et il est à la poursuite des sauvages", répondis-je en brandissant mon couteau de chasse pour rompre les liens qui maintenaient les deux prisonniers impuissants.

Je n'avais fait que donner la liberté à ces pauvres gens, et pendant qu'ils se frottaient les poignets pour rétablir la circulation du sang, Simon Kenton s'approcha vivement.

"C'est bien que nous retournions à la cabane ; les serpents se sont arrêtés juste sous la berge de la rivière, et peut-être reviendront-ils pour savoir combien nous pouvons en rassembler. Allez !"

Ne nous arrêtant que le temps de prendre les fusils qui étaient à portée de main, nous courumes tous les quatre à la cabane dont ma mère tenait la porte ouverte ; et une fois à l'intérieur, la chère âme me serra contre son sein comme si j'étais revenu d'entre les morts, comme c'était d'ailleurs à peu près le cas.

CHAPITRE IV.
PAUL SAMPSON.

Quand nous étions de nouveau à l'intérieur de la cabane, avec la porte et les fenêtres fermées et l'homme et le garçon que nous avions sauvés mangeant voracement dans la réserve de nourriture que ma mère leur avait placée devant eux, j'ai pensé que j'avais de bonnes raisons de le faire. être fier du rôle que j'ai joué si récemment.

Simon Kenton et moi avions tué ou chassé une bande de quatorze sauvages, et ma part du travail n'avait sûrement pas été minime. Il me semblait alors, comme aujourd'hui, que je participais pleinement à l'entreprise. Il est vrai que si nous n'avions pas pris les bêtes par surprise et les avions attaquées de telle façon qu'elles n'avaient aucun moyen de le savoir, sans que nous les dépassions en nombre trois ou quatre contre un, l'affaire aurait pu aboutir à une fin différente. ; mais c'était tout à notre honneur d'avoir pu surprendre ces misérables qui faisaient rarement une attaque à moins qu'elle ne puisse être commencée de la même manière.

Je le répète, j'étais fier de notre travail, plus particulièrement lorsque je regardais nos invités, réalisant que sans Simon Kenton et moi, ils subiraient à ce moment précis toutes les tortures que les loups peints pouvaient infliger, et j'ai jeté un coup d'œil aux jeunes éclaireur, pensant lire sur son visage des pensées semblables aux miennes.

En cela, je me suis trompé. Malgré ce qui était presque un fait, à savoir que les Indiens avaient été mis en fuite, il se tenait près de la meurtrière de la porte et surveillait attentivement, et, autant que l'expression de son visage pouvait le dire, il se pouvait que ce soit nous. des hommes blancs qui ont été battus lors de la rencontre.

Je n'ai rien vu dans son attitude qui indiquerait qu'il avait récemment affronté la mort sous sa forme la plus horrible afin de faire un effort pour sauver la vie d'étrangers, et à partir de ce moment, j'ai regardé le jeune homme comme s'il était d'une race supérieure à toutes celles que j'avais vues auparavant.

Il ne faut pas supposer que je suis resté les bras croisés en m'attardant sur les pensées qui sont ici exprimées en mots, alors que, pour autant que nous le sachions, les brutes pourraient se rassembler en plus grande force qu'auparavant.

Je n'étais pas aussi entièrement livré à la vanité que tout cela pourrait le laisser croire ; mais je me déplaçais ici ou là pour veiller à notre défense de la manière qui me semblait appropriée, mon esprit étant occupé tout le temps, et mes pensées vaniteuses s'éteignant à mesure que j'observais Kenton.

Puis, comme le jeune éclaireur m'avait conseillé de rester au fond de la cabane, à surveiller par la meurtrière du volet, je tournai mon attention vers ceux que nous avions sauvés du bûcher.

Ils étaient père et fils, comme je l'ai appris de la conversation que l'aîné avait avec ma mère, qui répondait à leurs besoins à table. Horace Sampson était le nom de cet homme, et il appela le garçon Paul.

Tous deux étaient venus du Maryland pour trouver une ferme, et le seul étonnement qui me venait à l'esprit était que les sauvages ne les avaient pas emmenés captifs avant qu'ils ne soient arrivés si loin dans le désert ; car aucun d'eux n'en savait autant sur l'artisanat du bois que moi le jour de mon dixième anniversaire.

Ils avaient cru qu'il leur serait possible d'effrayer les Indiens par une simple démonstration d'armes, et ceux qui avaient été à la frontière ne pouvaient pas les convaincre que ce n'était guère moins qu'un suicide de s'aventurer dans cette partie du pays. seul.

Pendant trois semaines, ils avaient voyagé ici et là à la recherche d'un endroit probable, et ce n'est que la veille que les sauvages se sont montrés.

Alors ce à quoi on aurait pu s'attendre se produisit en un clin d'œil, et avant que le père ou le fils n'aient eu l'idée d'un danger imminent, ils furent désarmés et liés en vue de notre cabane, comme je l'ai raconté.

Même après avoir été si près d'une mort terrible, M. Sampson croyait qu'il serait peut-être possible de revenir sur ses pas en toute sécurité ; mais ma mère criait si fort contre toute entreprise aussi téméraire et dépeint les dangers de la frontière avec des couleurs si vives, que l'ignorant en vint finalement à croire qu'il n'était guère prudent de se confier seul au milieu d'ennemis dont les méthodes de guerre étaient si entièrement un secret pour lui.

Simon Kenton a dû écouter la conversation tout comme moi, car il a dit lorsque ma mère a cessé son avertissement :

"Le seul chemin sûr pour vous est celui qui mène à Corn Island. Vous y trouverez une bonne compagnie, et je ne doute pas qu'avant plusieurs jours vous en rencontriez qui se proposent de suivre votre route."

"Mais comment pouvons-nous subvenir à nos besoins sur cette île dont vous parlez ?" » demanda l'homme, impuissant, et la question en elle-même suffisait à prouver son ignorance.

"Les mains secourables ne manqueront pas", a répondu Simon Kenton avec un sourire. "A la frontière, les hommes ne comptent pas la valeur de la nourriture et du logement, comme le font ceux qui vivent en ville."

Puis, comme pour montrer qu'il était à la fois têtu et ignorant, M. Sampson a soutenu qu'il n'était pas disposé à accepter la charité d'étrangers ; qu'il serait humiliant de recevoir quelque chose qu'il n'était pas en mesure de payer.

"Vous devez le faire, ou prendre le risque de donner du sport aux serpents peints, comme vous aviez l'habitude de le faire il y a peu de temps", répondit sèchement Kenton, et je compris au ton qu'il perdait patience à cause de l'attitude de l'homme. entêtement.

Ayant ainsi parlé, le jeune éclaireur se retourna une fois de plus pour monter la garde à la meurtrière, et le garçon Paul, son repas terminé, s'avança timidement vers l'endroit où j'étais stationné.

Il semblait être un garçon selon mon cœur, entièrement différent de son père dans ses manières et dans son discours, et je décidai immédiatement que nous serions de bons amis aussi longtemps qu'il pourrait rester à la frontière.

Je comprenais bien qu'il brûlait d'une envie de poser des questions et n'hésitait pas à l'encourager à se lancer.

Il avait hâte de savoir depuis combien de temps j'avais vécu dans le désert ; combien de fois j'avais combattu contre les sauvages, et d'autres questions aussi simples, auxquelles j'ai répondu jusqu'à ce qu'il ait fini.

Ensuite, j'ai posé des questions sur sa maison dans le Maryland ; de son voyage jusqu'à la rivière Ohio et, enfin, de ce qu'il ressentait lorsqu'il était attaché au bûcher.

"La peur dans mon cœur était si grande que je n'avais pas pleinement mes sens", répondit-il avec un frisson. "Ce n'est que lorsque les feux furent allumés et que la danse eut commencé que j'ai rêvé que ces bêtes nous mettraient à mort. J'étais comme quelqu'un dans un rêve jusqu'à ce que le premier coup de feu soit tiré et qu'un sauvage tombe mort presque à mes pieds."

"Nous n'avons pas ouvert le feu trop tôt", dis-je avec peut-être une pointe de fierté dans mon ton car j'avais bien joué mon rôle, me semblait-il.

"Dans un instant, le couteau de l'Indien aurait été dans mon corps !" il pleure. "Je pouvais dire à la lueur féroce dans ses yeux qu'il comptait me suicider."

"Les brutes meurtrières ne tuent pas leurs prisonniers si rapidement ni si facilement. Il aurait prolongé votre vie jusqu'à l'extrême limite, afin que vous souffriez davantage."

Puis je lui ai raconté la mort cruelle de mon père ; de ce que nous avions trouvé pour raconter cette horrible histoire, et avant que j'aie fini, les larmes coulaient sur ses joues.

Simon Kenton a dû écouter notre conversation, car il a appelé brusquement, alors que Paul était presque submergé de chagrin :

"Vous feriez mieux de dormir le plus possible avant le jour, les gars, car dès que le soleil se lèvera, si les loups rouges se sont retirés, nous devons partir pour Corn Island."

J'ai compris qu'il n'était pas très content parce que j'avais effrayé le garçon si récemment venu du monde agité, et cela m'a fait honte de lui avoir donné, qui était si courageux, l'occasion de le reprendre.

Ma mère étala les peaux près de la cheminée, où j'avais l'habitude de dormir, et Paul se coucha consciencieusement, tandis que son père restait à table, visiblement dans un bureau brun.

Il n'était pas dans mon esprit de laisser Simon Kenton faire tout le travail, et je dis fermement, tout en sentant que mes yeux s'alourdissaient :

"Je compte faire ma part de surveillance cette nuit. Ce n'est pas bien que je dorme pendant que tu restes éveillé."

"Je ne devrais pas vous faire confiance pour monter la garde seul, et il n'y a aucune bonne raison pour que nous restions tous les deux en service. Dors maintenant, afin que tu sois mieux préparé pour une longue journée de vagabondage."

Il parlait d'un ton si autoritaire que je ne pouvais rien faire de moins qu'obéir, et lorsque ma mère gravit l'échelle jusqu'à son lit dans le grenier, je m'allongeai à côté de Paul, fermant les yeux dans un sommeil presque aussitôt que mon corps fut étiré. dehors sur toute sa longueur.

Le jour s'était levé où un cri de Simon Kenton me fit me lever avec inquiétude, croyant que les sauvages étaient sur nous ; mais il a apaisé mes craintes en disant en riant :

"J'avais l'idée de savoir combien de temps il te fallait pour ouvrir grand les yeux. Si nous devons tous les deux rejoindre le Major Clarke, nous devrions bien nous connaître."

"Je ne suis pas assez idiot pour dormir après avoir été convoqué", répondis-je avec un peu d'irritation, car il semblait se moquer de moi. "Je ne suis peut-être pas aussi doué que vous en menuiserie, mais je ne suis pas un fainéant."

"Maintenant, tu me prends trop au sérieux", répondit-il avec un autre rire qui me désarma de colère. "Il était grand temps que vous vous prépariez à affronter le vagabond, et je suis heureux de vous voir si vite à un appel. Celui qui a du mal à se débarrasser du sommeil devrait rester dans les villes où il n'a pas besoin de tenir un fusil. toujours à portée de main afin de lui sauver la vie. Regardez ce futur colon", a-t-il ajouté dans un murmure, et j'ai regardé dans la direction de son doigt tendu, où était M. Sampson, bâillant et s'étirant comme s'il luttait pour rassembler ses sens. "Est-ce étrange que des brutes peintes aient capturé comme lui avec peu de difficulté ?"

Paul n'était pas si paresseux. Il s'était levé en même temps que moi et se tenait maintenant près de la porte, en alerte pour tout ce qui pourrait lui arriver.

J'entendais ma mère bouger dans le loft et je savais qu'elle serait bientôt prête à préparer le petit-déjeuner, après quoi, si j'avais compris le plan, nous devions commencer le voyage.

« Les sauvages nous ont-ils quittés ? » demandai-je au jeune éclaireur.

"Oui, il semble que, même si je ne suis pas très pressé de le croire sans une meilleure preuve que le fait que nous n'avons rien entendu d'eux depuis que tu t'es endormi. Reste là, prêt à faire face à tout ce qui pourrait arriver, et" Je vais jeter un œil."

Tout en parlant, il déverrouilla la porte, et lorsqu'il sortit doucement, je montai la garde à sa place, avec Paul à mes côtés.

Ce n'est que lorsque le repas du matin fut préparé et servi sur la table que Simon Kenton revint, et les nouvelles qu'il m'apporta me procurèrent un profond soulagement.

"La dose que nous leur avons donnée hier soir était suffisante", dit-il en appuyant son fusil contre le côté de la cabane tout en s'asseyant à table sans attendre d'invitation. "Il est maintenant temps pour nous de commencer, car on ne sait pas dans combien de temps ces brutes se mettront en tête de revenir."

« Devons-nous laisser toutes nos affaires ici ? » demandai-je en regardant autour de moi le maigre magasin de meubles dont mon père avait fait la plus grande partie.

"Mieux vaut-les que vos cheveux", a répondu Simon Kenton. "Si les serpents reviennent par ici, ils ne feront qu'une bouchée de la cabane et de tout ce qu'il y a dedans, que vous soyez ici pour faire semblant de la défendre ou non. Au cas où ils resteraient à l'écart, les choses seront en sécurité. où il se trouve, si nous prenons soin d'éloigner les bêtes sauvages.

Il y avait une expression de douleur sur le visage de ma mère qui, je le savais, avait été causée par l'idée de laisser derrière elle ses maigres biens ; mais elle ne dit rien de son chagrin, se joignant au jeune éclaireur à la conversation concernant la vagabondage de la journée.

Le repas terminé et maman ayant un peu rangé la cabane, nous sortîmes au soleil, fermant porte et volet derrière nous, comme si nous comptions revenir avant la nuit.

Simon Kenton prit la tête, et alors commença la longue marche qui ne se termina que tard dans la nuit.

Nous avons fait quelques arrêts, et seulement pour quelques instants à la fois. Nous mangions en marchant, nous frayant un chemin à travers les sous-bois denses et toujours en alerte contre le danger.

M. Sampson a insisté à plusieurs reprises sur le fait que le rythme le tuait ; il déclara, à la moitié de la journée, qu'il lui serait impossible de marcher un demi-mille de plus ; mais lorsque Kenton suggéra tranquillement qu'il pourrait s'arrêter où il voudrait et suivre notre trace le lendemain matin, il en vint à la conclusion qu'il pourrait peut-être garder ses pieds un peu plus longtemps.

Paul était un compagnon aussi joyeux qu'on pouvait le désirer. Même s'il avait mal aux pieds et était fatigué, comme je le savais très bien, pas un mot de plainte ne sortait de ses lèvres, et avant la fin de la journée, je savais que Simon Kenton avait commencé à aimer ce garçon comme je l'aimais déjà, car il murmura : une fois où nous étions bien en avance sur les autres :

"Ce garçon vaut une douzaine d'hommes comme son père. Il a un vrai courage, et je vous garantis que vous ne l'entendrez pas gémir même s'il serait tombé dans son élan épuisé."

Il n'y a aucune raison pour que je dise à quel point ma mère supportait sa part de fatigue. C'était une femme courageuse et vraie, et lorsqu'une tâche, aussi grande soit-elle, devait être accomplie, elle l'accomplissait avec volonté et en silence, ou avec des paroles joyeuses.

Lorsque, à une heure tardive du soir, nous arrivâmes en face de Corn Island et que nous trouvâmes un membre des forces du major Clarke disposé à nous faire traverser la rivière par ferry, j'étais plus étonné que les mots ne peuvent l'exprimer, car c'était comme si je J'étais soudainement sorti du désert pour me retrouver dans une ville peuplée.

Pas moins de vingt familles étaient descendues avec les volontaires et campaient ensemble, à proximité de l'endroit où les hommes avaient leurs quartiers. En comptant les hommes, les femmes et les enfants, il ne pouvait y avoir moins de quatre cent cinquante personnes, soit trois fois plus que ce que j'avais jamais vu auparavant en un seul endroit.

La plus grande partie de cette assemblée dormait ; mais je pouvais très bien imaginer quelle agitation et quelle confusion il devait y avoir quand tout le monde se déplaçait, et cette simple idée me déconcertait.

Simon Kenton nous conduisit directement à la cabane réservée à l'usage du major Clarke, et là nous présenta au commandant de l'expédition, qui nous accueillit si chaleureusement que même M. Sampson dut oublier ce qu'il avait dit à propos de l'expédition. "accepter la charité."

Mère fut prise en charge par quelques femmes, et nous quatre, c'est-à-dire Simon Kenton, les Sampson, le père et le fils, et moi-même, fîmes usage d'un appentis en broussailles, ce qui ne constituait pas un abri substantiel ; mais pour moi, qui étais presque arrivé à bout de mon endurance, c'était des plus invitants.

Même Kenton lui-même ressentit les effets de ce long vagabondage ; et nous n'avons eu aucune conversation cette nuit-là, chaque membre du groupe s'endormant dès qu'il était à terre.

Paul et moi étions à l'étranger tôt le lendemain matin. Pour lui, il n'y avait rien de nouveau dans une telle foule, car il me dit solennellement qu'il avait vu dans le Maryland beaucoup plus de gens avides de réjouissances qu'on ne pouvait en trouver à Corn Island, et j'ai été forcé de croire le garçon, même si cela semblait difficilement possible. .

Comme je l'ai dit, il n'y avait pas moins de vingt familles qui étaient descendues avec l'armée du major pour trouver un foyer dans le désert, et, apprenant d'une manière ou d'une autre, je ne sais comment, que j'étais le fils d'un colon, beaucoup d'entre eux ils se sont rassemblés pour savoir comment nous nous en étions sortis dans notre clairière.

Il y avait plus d'un visage pâle parmi les femmes et les plus jeunes enfants lorsque j'ai raconté la mort de mon père, et j'ose dire qu'il en serait resté peu pour construire des maisons près de la rivière Ohio s'il avait été possible pour eux de retourner dans la colonie. ils venaient de partir.

M. Sampson avait l'air d'un homme différent maintenant qu'il se trouvait parmi une foule de gens. Il ne semblait plus juger nécessaire de retourner dans le Maryland, où une femme et deux enfants attendaient son arrivée ; mais il déclara qu'il joindrait sa fortune à ceux qui comptaient fonder un village sur la frontière.

Paul restait à mes côtés pendant que je parlais avec les hommes de l'expédition dans laquelle le major Clarke devait les diriger, et lorsque, tard dans la première journée de camp, je lui ai fait part de mon intention de rejoindre la force en tant que volontaire, il déclara que rien ne lui plairait mieux que d'être mon camarade.

« Si mon père le veut, j'irai, » dit-il doucement ; mais sur un ton qui me disait qu'il ne faisait qu'un avec sa propre volonté et qu'il n'était pas susceptible de se laisser guider par le bout du nez contre son propre désir ou son inclination.

A la première occasion, je cherchai Simon Kenton pour lui faire part des projets de Paul, et le jeune éclaireur me dit chaleureusement :

"J'aime ce garçon et je serai heureux de l'avoir avec nous, même si pendant un certain temps, il pourrait nous coûter quelques ennuis."

"Il apprend vite, j'imagine, et en observant ceux qui l'entourent, il sera bientôt capable de se déplacer correctement", répondis-je avec confiance, après quoi l'éclaireur me surprit en disant :

"Il n'y aura personne à part toi et moi qu'il puisse voir."

« Que sera alors devenu tout ce rassemblement ? Ai-je demandé avec étonnement.

"Ils seront loin derrière nous, mon garçon. As-tu pensé que je marcherais en ligne comme un soldat ?"

"Que pouvez vous faire d'autre?"

"Restez à l'avance pour vous assurer qu'aucun danger ne menace. Vous et moi ferons office d'éclaireurs ; je pense qu'il y en a peut-être d'autres, mais j'ai été engagé pour diriger toute cette fête, d'abord à l'avant-poste britannique de Kaskaskia, puis à Cahokia. "

"Tu es seul?" J'ai pleuré, bouleversé d'apprendre que ce jeune homme avait autant d'importance aux yeux d'un soldat comme le major Clarke.

"Pas seul, car je compte emmener un certain Louis Nelson avec moi, et il a en tête que Paul Sampson fera le troisième."

"Mais je suis bien trop ignorant pour partager un devoir aussi important !"

"Le garçon qui est prêt à affronter une bande de loups peints comme ceux qui ont assiégé votre cabane, et pour le faire presque seul, promet d'être un camarade à mon goût. Nous dirigerons les hommes, Louis, et j'ose oser dire qu'il n'y aura pas d'embuscade que nous ne flairerons pas avant que les peaux-rouges meurtrières n'aient réussi à faire le moindre mal.

"Et êtes-vous prêt à emmener Paul Sampson ?" Ai-je demandé, toujours dans un labyrinthe de perplexité.

"Oui, c'est vrai, et j'ose dire qu'il se révélera être votre égal après un peu d'expérience."

J'avais peine à contenir ma joie à l'idée que mon œuvre devait être une œuvre d'homme ; mais je m'enfuis à toute vitesse pour faire connaître à ma mère ce que je croyais être une chance rare.

Elle, bonne âme, était attristée parce qu'une telle opportunité s'était présentée à moi, et bien qu'elle n'ait pas dit un mot contre l'entreprise, j'ai compris ce qu'elle avait sur le cœur et j'ai dit rapidement, même si cela m'a coûté un pincement au cœur de prononcer le mots:

"Tu n'es pas contente, mère, et j'avais pensé que cela te rendrait heureuse parce que Simon Kenton avait tellement confiance en moi. Je lui dirai que je ne peux pas y aller, et tu oublieras peut-être que j'en ai parlé."

Les larmes étaient très près de ses paupières alors qu'elle me rapprochait et me dit doucement, osant à peine se fier à sa voix :

"Je ne te garderais pas, mon fils, même si cette séparation me cause une grande douleur. À la frontière, les garçons doivent rapidement apprendre à être des hommes, et il vaudrait peut-être mieux que tu partes. Peut-être rejoindrons-nous ces colons qui ont l'intention de construire dans une ville voisine, quand tu reviendras couvert de gloire.

"Maintenant, tu te moques de moi, maman," répondis-je avec reproche. "Il n'y a aucune gloire à gagner en combattant des sauvages."

"À mon avis, vous avez beaucoup gagné, Louis, lorsque vous avez risqué votre vie pour sauver M. Sampson et Paul."

Je ne parvenais pas à comprendre exactement ce qu'elle voulait dire, et je n'essayais pas non plus très fort, car l'expression de douleur avait disparu de son visage, et je voulais répéter la bonne nouvelle à Paul.

Je l'ai trouvé sur le rivage de l'île, regardant l'eau comme s'il avait vu dans le ruisseau boueux quelque vision merveilleuse, et au lieu d'être surpris ou ravi lorsque je lui ai dit quelle fière position nous allions occuper dans l'expédition, il a dit avec une vue:

"C'est suffisant si je veux être avec toi, Louis."

"Et ton père ? Est-ce qu'il donnera son accord ?"

"Il prépare des plans pour le nouveau règlement qui doit être fait, et quand je lui ai dit que cela me ferait plaisir d'aller avec vous et Simon Kenton, il a dit qu'il avait autre chose à penser."

"Est-ce que ça veut dire que tu es libre de partir ?"

"Maintenant qu'il a des compagnons, on ne pensera plus à moi. Nous partirons, Louis ; mais crois-tu que nous reviendrons ?"

La question m'a presque fait peur. Je n'avais pensé qu'à être un éclaireur pour un groupe aussi courageux que celui qui campait ici, et je n'avais prêté aucune attention au danger possible qui nous attendait, jusqu'à ce que les paroles de Paul me le rappellent.

CHAPITRE V.
DANS L'OHIO.

La question de Paul quant à savoir si nous reviendrions un jour me fit prendre d'une timidité, la première sensation de ce genre que j'éprouvais depuis que l'aventure avait été proposée.

Maintenant que l'affaire m'avait été rapportée d'une manière si innocente, j'ai commencé à réaliser tout ce que ce voyage pouvait signifier. Je n'avais pas passé ma vie à la frontière sans avoir entendu parler du major Clarke, et je savais très bien qu'il ne tournerait pas le dos à cause du danger ; en fait, s'il avait la chance de conduire ses hommes dans un endroit où leurs vies étaient en danger, la première pensée du major serait de savoir comment il pourrait prendre le dessus sur l'ennemi, et non comment lui et ses partisans pourraient s'échapper.

De plus, il suffisait d'un seul coup d'œil pour montrer que le travail serait brûlant, une fois que la force serait arrivée à distance de frappe de l'ennemi. Le major Clarke n'avait enrôlé que de vieux pionniers, dont chacun s'était battu pour sa vie contre les loups peints une douzaine de fois, et je me demande s'il y avait un homme dans la forêt qui n'avait pas quelques torts privés à venger à la fois des sauvages et des autres. Britanniques.

Sachant tout cela, il faut être un simple qui ne comprend pas à quel point les efforts déployés pour porter un coup décisif une fois que la compagnie se trouve à proximité de l'ennemi, que cet ennemi soit un soldat en blouse rouge ou un soldat à moitié nu, seraient acharnés. , brute parée de plumes, telle qu'elle avait vécu une vie de meurtre et de pillage depuis le premier jour où les hommes blancs sont arrivés dans cette partie du pays.

Et Paul et moi devions jouer, de notre mieux, le rôle d'éclaireurs en avance sur une force telle que celle qui suivait le major Clarke ! Nous qui, par notre ignorance, aurions dû rester à l'arrière, ouvririons la voie, prenant forcément le combat le plus brûlant, parce que nous serions les premiers à rencontrer l'ennemi.

Il n'est pas étonnant que j'aie été saisi de timidité en réalisant pour la première fois ce que j'avais pris sur moi ; mais Paul, qui n'avait jamais rêvé de tout ce que nous pouvions rechercher, restait calme et placide comme si notre voyage devait être la plus innocente des excursions de plaisir.

Le garçon fut surpris de me trouver silencieux alors qu'il n'avait fait que répéter dix fois ce que je lui avais dit, et me demanda avec sollicitude si j'étais malade.

Cela n'aurait été guère plus que la vérité si je lui avais dit que j'étais malade de peur ; mais de telles paroles m'auraient fait honte, et je me taisai, lui laissant croire que moi, qui n'avais jamais connu un seul jour de maladie, j'avais été soudainement vaincue d'une manière féminine.

Ce fut Simon Kenton qui interrompit notre conversation pas très agréable, en disant joyeusement, comme le ferait quelqu'un qui vient d'avoir de la chance.

"Si vous avez réglé toutes vos affaires, les gars, nous partirons avant le coucher du soleil, car je compte avoir une bonne vue sur la rivière avant de faire une halte."

"Est-ce que les hommes sont prêts à partir ?" Ai-je demandé avec surprise.

"Ils nous suivront vingt-quatre heures plus tard, à condition que nous n'apprenions rien qui puisse empêcher le mouvement. C'est notre tâche d'espionner le terrain, et nous sommes tenus de rester longtemps en avance."

J'ai jeté un rapide coup d'œil à Paul pour voir comment la nouvelle l'affectait ; mais pas même un tremblement des paupières ne suivit cette information. Peut-être que s'il avait connu tout le danger aussi bien que moi, il aurait présenté une apparence différente.

Il eût été honteux que j'aie montré de la peur alors que ce garçon qui ne connaissait rien de la vie à la frontière restait impassible, et que je raidis les lèvres de mon mieux, résolu que ni lui ni Simon Kenton ne devineraient ce qui était dans mon cœur.

Non seulement l'éclaireur avait l'intention de partir ce jour-là ; mais j'ai compris à ses mouvements qu'il était impatient de commencer le travail le plus tôt possible, bien qu'il ait parlé comme si une heure plus tôt ou plus tard ne pouvait faire aucune différence pour lui, et j'ai dit avec autant de calme que possible être forcé dans ma voix :

"Si tel est le cas, vous souhaitez y aller immédiatement, je peux me préparer en cinq minutes."

" Cela me plairait de me débarrasser de cet endroit. Une foule de gens ne me plaît pas et en partant maintenant, il n'y aura pas besoin de grande hâte, alors qu'on ne peut pas en dire autant si nous le sommes mais quelques heures avant les volontaires."

"Je souhaite seulement avoir un mot avec ma mère, et alors nous ne pouvons pas quitter l'île trop tôt pour me plaire", répondis-je, et j'ajoutai en observant sur le visage de Paul ce que je pensais être un air nostalgique, comme s'il disait à lui-même que ce serait une consolation que quelqu'un lui dise que Dieu se dépêche, "veux-tu venir avec moi, mon garçon ? J'ose oser dire qu'elle nous traitera tous les deux de la même manière."

Il s'élança avec empressement, les yeux mouillés d'une larme à venir, et nous nous dirigeâmes vers la partie du campement où se trouvaient les femmes, qui trouvèrent toutes une grande occupation en cuisinant pour les volontaires.

Peut-être vaut-il mieux que je ne raconte rien de ma séparation avec ma mère ; cela m'a été pénible et ne peut intéresser profondément quiconque lit ces lignes, si par hasard ils ont réellement un lecteur.

Il suffit de dire que nous deux, mes enfants, car elle a témoigné à Paul la même marque d'affection que celle qui m'a été accordée, a promis de prendre autant soin de notre vie que pourrait le faire quelqu'un qui s'était mis à un travail tel que le nôtre pourrait le prouver, et en moins d'une demi-heure après que Simon Kenton ait annoncé son intention de quitter l'île, nous étions au bord de l'eau, attendant ses ordres.

Le jeune éclaireur ne tarda pas une fois que nous fûmes prêts. Une pirogue, connue sous le nom de « pirogue », était amarrée à un arbre, et dans elle avait été chargé notre maigre équipement.

Une réserve de munitions, du poivre, du sel, quelques pommes de terre et trois miches de pain de maïs composaient la liste de nos biens que nous ne pouvions pas emporter dans les poches de nos chemises de chasse. Naturellement, chacun avait un couteau et un fusil, ce dernier servant à nous fournir davantage de nourriture, et nous n'avions vraiment besoin de rien d'autre.

Paul avait tenté de parler avec son père avant de partir ; mais M. Sampson était si profondément occupé à élaborer les plans du futur village qui devait naître sur les rives de l'Ohio, qu'il n'avait pas de temps à consacrer à son fils.

Le major Clarke était le seul membre de toute cette compagnie qui savait que nous devions partir à ce moment-là, et il resta en conversation étroite avec Simon Kenton une bonne demi-heure après que Paul et moi eussions pris place dans l'abri. Puis, voyant que l'éclaireur avait hâte de partir, il recula en nous disant, les gars :

"Veillez à suivre scrupuleusement les instructions données par Kenton ; votre vie peut dépendre de votre obéissance, car le travail que vous avez entrepris est au plus haut degré dangereux."

Il aurait pu s'épargner autant de souffle, en ce qui me concernait, car j'avais dans mon esprit une très bonne idée des périls que nous allions être appelés à affronter, et j'éprouvais peu de plaisir à un tel rappel, car mon courage en ce moment, ce n'était pas le meilleur.

"Tant que nous restons en avance, vous pouvez être sûr qu'il n'y a rien à craindre", a déclaré Kenton en désamarrant le bateau et en l'envoyant dans le courant d'un seul coup de pagaie. "Nous vous avertirons équitablement si nous rencontrons quelque chose qui mérite d'être connu, à moins que..."

Il n'a pas fini la phrase ; mais je savais très bien comment le conclure. « À moins que nous ne soyons pris par surprise et que nous ne soyons tous tués », voilà ce qu'il aurait dit sans la crainte de nous alarmer, Paul et moi.

Avant d'être à 800 mètres de l'île, je me suis rendu compte que je jouais le rôle d'un imbécile en laissant mon esprit s'attarder sur les possibilités de l'avenir, et, poussant ma pensée vers un autre canal, j'ai commencé à parler de l'avenir. village qu'on se proposait de construire sur la rive du fleuve, sans imaginer qu'il deviendrait un jour une grande ville connue sous le nom de Louisville, comme si elle portait mon nom.

Pendant dix minutes ou plus, pas un mot ne fut prononcé, puis comme s'il se parlait tout seul, Kenton dit :

"Les volontaires partiront demain et devraient avancer aussi vite que possible."

« Est-ce que tous les hommes descendent la rivière ? Paul a dit :

"Certains seront laissés sur place pour s'occuper des femmes et des enfants ; mais les autres doivent embarquer dans les bateaux plats amarrés de l'autre côté de l'île."

" S'ils doivent venir en bateau, je ne comprends pas pourquoi nous continuons à avancer ", dis-je bêtement, après quoi Kenton répondit :

"C'est notre affaire de savoir si les serpents peints sont à proximité de la rivière en grande force."

"Et comment pouvons-nous apprendre cela, à moins de marcher le long du rivage ?"

"Il y a de fortes chances que les serpents nous tirent dessus, sans compter que la force principale est si proche."

"Auquel cas nous devrions obtenir l'information en nous faisant tirer dessus, voire en nous faisant tuer."

"Je pense que l'un de nous en sortirait vivant et qu'il pourrait revenir donner la nouvelle", dit doucement Kenton, comme si la possibilité de perdre la vie n'était rien tant que les volontaires étaient prévenus. "Mais il y a de fortes chances que nous puissions tous nous en sortir sans une égratignure, même si les reptiles se sont rassemblés en pleine force, car ce ne sont pas les meilleurs tireurs d'élite que l'on puisse trouver par ici, et en restant bien au milieu du courant, la navigation devrait être sûre. Maintenant, je pense que nous ferions mieux de garder notre langue silencieuse et de mettre nos yeux au travail, sinon il y aura une démonstration de glissement par rapport à ce que nous avons été envoyés pour trouver. Si vous voyez la chose la moins propice, chantez, et nous saurons ce que cela signifie avant d'aller plus loin.

Paul écoutait ces paroles comme s'ils ne le concernaient pas spécialement, et j'étais près d'être en colère contre le garçon à cause de son apparente indifférence lorsque la vie était en danger ; mais je me suis arrêté en pensant qu'il adopterait un look différent s'il comprenait parfaitement la situation.

À ce moment-là, Simon Kenton gardait les yeux occupés pendant qu'il travaillait sur la pagaie, refusant mon offre d'aide, et je me demande si une seule brindille courbée ou une branche cassée a échappé à son attention. C'était comme s'il voyait les deux côtés de la rivière en même temps, écoutant avec autant d'attention qu'il regardait, et on peut imaginer que je n'osais rien tenter en matière de conversation.

Il est inutile pour moi d'expliquer longuement de quelle manière nous avons contourné cette pointe, ou contourné cette crique à moitié cachée par le feuillage en surplomb, car tous savent très bien comment les voyageurs sur l'Ohio, à l'époque de la révolution, se gardaient des embuscades ou des attaques soudaines. .

À mon avis, nous aurions tout aussi bien pu rester avec les volontaires pendant cette partie du voyage, car au cas où nous rencontrerions un groupe considérable de sauvages, il y aurait peu de chances que l'un ou l'autre de nous réussisse à rapporter la nouvelle à ceux qui ont virtuellement placé leur camp. vit sous notre garde.

En cinq secondes, j'avais tiré, utilisant la boucle de vapeur comme cible. —
Page 108. *Sur la frontière du Kentucky.*

Nous avions navigué depuis trois heures ou plus ; le soleil était bas dans le ciel, et les ombres étaient déjà si denses sur la rive ouest, qu'une centaine de bêtes peintes auraient pu se cacher sous les branches basses sans que nous en soyons conscients.

Il me semblait insensé de continuer plus loin, si notre seul but était de scruter attentivement les deux rives de la rivière, et j'étais sur le point de le dire à Kenton lorsqu'une petite bouffée de fumée jaillit du milieu des feuillages pour se diriger vers la rivière. à droite de nous, à peine à plus de cinquante mètres ; un bruit sec semblable au claquement d'un fouet se fit entendre, tandis que les éclats s'envolaient de la pagaie dans la main de l'éclaireur.

Il va sans dire que j'ai été surpris ; mais pas au point de me priver de mon esprit.

Je savais très bien que seul un sauvage aurait tiré sur nous, et le fait de savoir que le méchant ennemi était si proche m'a fait oublier la peur qui m'avait assailli peu de temps auparavant.

Cinq secondes après l'instant où la petite bouffée de fumée s'est envolée comme la langue d'un serpent, j'avais tiré, utilisant la boucle de vapeur comme cible, et Simon Kenton a dit avec approbation, mais sans aucune trace d'excitation dans son ton :

"C'était bien joué ! Un garçon aussi rapide au tir ne devrait pas être désavantagé, quoi qu'il arrive."

Il avait poussé l'avant de la pirogue hors du rivage avant même que je tire, et, courbé, pagayait de toutes ses forces, comme si la seule idée de s'échapper était la seule qui l'occupait.

Paul n'avait ni parlé ni bougé ; à ce moment-là, il me tournait le dos, ce que je regrettais car je ne pouvais pas voir son visage pour savoir s'il avait changé de couleur.

Nous n'étions qu'au milieu du cours d'eau lorsqu'un deuxième coup de feu se fit entendre, venant cette fois d'un point plus en aval de la rivière ; mais la balle est passée sans danger au-dessus de nos têtes.

Je n'ai fait aucun effort pour renvoyer le coup, pour la très bonne raison qu'il n'y avait aucune chance que je puisse exécuter une quelconque exécution à une telle distance, même si celui qui avait tiré restait immobile, ce qui n'était guère prévisible.

Kenton contourna le virage suivant, longeant de près la rive est, et lorsque nous arrivâmes à une petite crique, il força le canoë à remonter le petit cours d'eau jusqu'à ce qu'il soit complètement caché par le feuillage.

"Nous aurions pu continuer sans crainte", dis-je à voix basse, surpris par cette manœuvre, "nous voyagions plus vite que les sauvages ne pouvaient marcher, et nous aurions facilement pu les devancer."

"C'est exactement ce que nous ne comptons pas faire", dit-il doucement, parlant d'un ton ordinaire, montrant ainsi qu'il n'avait aucune pensée de danger pendant que nous restions de ce côté-ci de la rivière.

"Pourquoi pas?" » demanda doucement Paul.

"Parce que c'est notre affaire de savoir combien de reptiles se trouvent sur cette rive."

"Mais comment vas-tu le savoir ?"

"Retournez là-bas et jetez-y un oeil. En moins d'une heure, nous pourrons faire le tour avec brio."

Paul et moi nous sommes regardés avec un mélange de peur et d'étonnement alors qu'on aurait pu compter dix, puis j'ai détourné les yeux, comprenant à ce moment-là que recueillir de telles informations était la seule raison pour laquelle nous avions descendu la rivière avant le voyage. bénévoles.

Kenton était assis comme une statue au centre du canoë, nous les gars étant à chaque extrémité, et il me sembla qu'une heure entière s'écoulait avant qu'un mot ne soit prononcé.

Alors la nuit était si proche que, sauf au milieu de la rivière, il était impossible de distinguer des objets distants de vingt pas.

"Je pense que nous ferions aussi bien de nous mettre au travail", et Kenton força prudemment le canot à sortir du milieu de l'enchevêtrement de feuillage jusqu'à ce que le courant l'emporte vers le bas.

Il n'utilisait la pagaie que pour l'empêcher de heurter des broussailles sèches ou des rondins sur la berge, et nous avions peut-être dérivé deux milles, lorsqu'il se pencha soudain sur son travail, envoyant l'embarcation légère à travers la rivière à une vitesse de 110 km/h. je n'avais jamais vu d'égal, même par mon père.

Je m'attendais vraiment à entendre le bruit d'un fusil ou à sentir la piqûre d'une balle lorsque nous serions au milieu du ruisseau où un sauvage aux yeux perçants pourrait nous voir ; mais rien ne vint arrêter notre progression, et en un laps de temps merveilleusement court, nous fûmes de nouveau cachés à notre vue ; mais maintenant du même côté de la rivière où nous savions que les serpents peints se cachaient.

"Vous devez rester dans la pirogue", me murmura Simon Kenton en levant son fusil. "S'il est probable que je ne sois pas de retour ici au lever du soleil, vous devez remonter le courant pour avertir le major Clarke."

S'il m'en avait donné l'occasion, j'aurais insisté pour qu'il nous emmène avec lui, ou qu'il attende près du matin avant d'entreprendre une entreprise aussi dangereuse ; mais ces mots n'avaient pas plus été prononcés qu'après son départ.

À un moment donné, il me parlait, et à l'instant d'après, il avait disparu aussi complètement et silencieusement que si les eaux l'avaient recouvert. Aucun Indien ayant jamais vécu n'aurait pu l'égaler en rapidité et en silence.

Paul a été intrigué lorsqu'il s'est retourné et n'a pas vu Kenton, et je me suis senti obligé d'expliquer à voix basse ce qui s'était passé, sinon je crois en vérité que le garçon aurait crié dans sa perplexité.

Il n'est pas possible à ceux qui ont toujours vécu dans de grandes colonies ou des villes de se rendre compte de la désolation d'une position telle que la nôtre pendant que nous attendions le retour de l'éclaireur.

Il s'était aventuré dans la forêt où nous savions avec certitude qu'il y avait des ennemis assoiffés de sang, et il avait réalisé que toutes les possibilités avaient été montrées par l'ordre nous donnant l'ordre de remonter le courant pour avertir les bateaux qui arrivaient, au cas où il échouerait. revenir au lever du soleil.

Mon cœur était presque dans ma bouche alors que j'étais assis là, tenant la main de Paul, sursautant au moindre bruit, et entendant même dans le ondulation de l'eau quelque signe des sauvages. Ma langue était desséchée ; Je n'aurais pas pu prononcer un seul mot s'il avait fallu parler, et ce n'est qu'avec la plus grande difficulté que j'ai empêché ma main de trembler, révélant ainsi à mon compagnon que j'avais terriblement peur.

Au bout d'une heure peut-être, il me sembla que nous avions passé une nuit entière là-bas, et puis vint ce bruit que j'avais à la fois attendu et redouté d'entendre.

Au loin, à un demi-mile de là, je devinai, retentit le craquement d'un fusil ; puis un autre et un autre, et après cela le même silence de mort qu'auparavant.

« Pensez-vous qu'il lui ait été fait du mal ? Paul a murmuré en tremblant, et j'ai répondu comme je le croyais vraiment :

"Non, à moins qu'il n'ait eu un accident avant que ce premier coup de feu ne soit tiré. S'il y avait eu un grand nombre de sauvages à proximité, il aurait fait tous ses efforts pour revenir sans perte de temps, afin que nous puissions aller avertir les volontaires. Il n'y en a eu que quelques-uns, avec peut-être un captif, et il a tenté de le sauver.

J'ai été encouragé par mes propres paroles, qui semblaient plausibles, et je suis resté en alerte dix minutes ou plus, m'attendant à chaque instant à voir Kenton apparaître aussi silencieusement qu'il avait disparu.

Cependant, lorsque ce laps de temps s'est écoulé et qu'il est resté absent, la peur m'a envahi et j'ai imaginé le pire.

Au bout d'une demi-heure, et je notais le temps en comptant, il n'y avait plus aucun espoir dans mon cœur.

Après avoir tiré un coup de feu, Kenton, s'il le pouvait, reviendrait immédiatement vers nous ; car même s'il n'avait pas appris tout ce qui semblait nécessaire, il avait dû comprendre qu'il ne pourrait plus espionner l'ennemi.

J'ai essayé de décider ce qu'il fallait faire ; mais mon cerveau était en ébullition. J'aurais à peine pu me défendre si l'une des brutes peintes s'était montrée à portée de main.

C'est Paul qui m'a tiré de ce qui n'était guère moins que la stupéfaction du désespoir, en me murmurant à l'oreille :

"Il n'a pas dit que nous devions remonter la rivière jusqu'au lever du soleil. Pourquoi ne nous serait-il pas possible de l'aider ?"

Je secouai la tête, croyant qu'il était trop tard pour que nous puissions faire quoi que ce soit en sa faveur ; mais cette suggestion, venant d'un garçon qui ignorait toutes ces misérables affaires, m'a fait prendre conscience de ma propre folie.

"C'est moi qui dois y aller", dis-je résolument. "Tu resteras ici, au cas où il reviendrait."

"En agissant ainsi, je ne pourrais être d'aucune aide. Nous y irons ensemble."

Même maintenant, je ne comprends pas pourquoi mon esprit m'a si complètement abandonné. Je n'avais aucune idée de ce qui pourrait arriver si nous nous enfuyions tous les deux dans la forêt dans l'obscurité ; mais avant de revoir Simon Kenton, je réalisai très clairement ma folie.

Sans essayer de le persuader de rester, comme j'aurais dû le faire même dans ma bêtise, je murmurai :

"Vous devez vous déplacer doucement et rester près de moi, de peur que nous ne soyons séparés dans le fourré où crier pourrait signifier la mort. Suivez chacun de mes mouvements, car je prendrai les devants."

Il saisit son fusil d'une manière qui montrait qu'il n'était au moins pas un lâche, et agrippa ma chemise de chasse pour être sûr d'obéir à l'ordre que j'avais donné.

J'ai enjambé le canot pour entrer dans l'eau; mais pas aussi silencieusement que Simon Kenton l'avait fait, et nous débarquâmes tous les deux à pied sans nous soucier de l'endroit où cette démarche imprudente risquait de nous mener.

Aussi honteux que je sois de l'avouer, je ne prêtai aucune attention à l'emplacement du bateau que nous quittions ; je ne cherchai pas ce qui nous servirait de guide à notre retour, si jamais nous le faisions ; mais il n'avait en tête que l'idée de remonter le courant vers l'endroit d'où provenaient les rapports sur les armes.

Et nous nous enfonçâmes dans l'obscurité de la forêt, prétendant être plus versé dans l'artisanat du bois que mon compagnon, tout en faisant ce que le citadin le plus ignorant n'aurait jamais songé à tenter.

C'était l'acte d'un imbécile, et je devais recevoir le châtiment dû à ma folie.

CHAPITRE VI.
ÉGARÉ.

Il me semblait que le bruit des armes à feu provenait d'un point situé à environ un demi-mille du rivage et à moins d'un tiers de cette distance en amont. C'est pourquoi je me suis dirigé dans cette direction, ne prêtant attention qu'à la terrible peur. que Simon Kenton avait été fait prisonnier ou tué sur le coup.

Si j'avais appris qu'il était mort, mon cœur aurait pu être un peu plus léger, car je savais très bien combien terrible serait la torture qui lui serait infligée une fois que les sauvages auraient compris qui il était.

Dans ce cas, Paul et moi étions tenus de rapporter sans délai la triste nouvelle aux volontaires ; mais tant qu'il y avait une chance que nous puissions lui porter secours, j'estimais qu'il était de notre devoir de faire tous nos efforts dans cette direction.

Quand j'étais plus âgé et que j'avais vu davantage de guerres, j'ai compris que la vie d'un homme ne compte que peu par rapport au bien général, et si un tel fait avait été gravé dans mon esprit à cette époque, je n'aurais jamais Je me suis lancé dans une mission téméraire qui aurait pu nous mener, Paul Sampson et moi, à notre mort.

Le garçon que Simon Kenton et moi avions sauvé du bûcher était un bon élève, comme il l'a montré cette nuit-là lorsqu'il a suivi de près mes traces, ne trahissant aucun signe de peur alors qu'il aurait pu être excusé de sa timidité, et se déplaçant avec la plus grande prudence.

Il ne m'appartient pas de dire que nous avancions aussi silencieusement qu'aurait pu le faire le jeune éclaireur ; mais j'étais convaincu que nous n'avancions pas d'une manière maladroite, et je commençais à éprouver une certaine fierté en montrant ainsi à Paul comment nous, les frontaliers, suivions la trace de nos ennemis.

Pendant peut-être une demi-heure, nous avançâmes tous les deux régulièrement mais prudemment, puis il me sembla que nous aurions dû arriver à l'endroit d'où étaient venus les coups de feu.

Je me suis arrêté et j'ai écouté attentivement. On n'entendait aucun son, hormis le murmure du vent dans le feuillage, ou les innombrables bruits faibles de la nuit qui racontent la vie quand le monde est censé dormir.

Pour la première fois, un sentiment de méfiance à l'égard de mes propres capacités s'est installé dans mon esprit. Il semblait certain que soit nous avions voyagé dans la mauvaise direction, soit que les sauvages avaient quitté les environs où la rencontre avait eu lieu. Nous aurions sûrement dû rencontrer Kenton, à moins qu'il n'ait fait un détour plus large qu'il ne paraissait probable au premier abord, ou, comme je le craignais, qu'il n'ait été fait prisonnier.

Un certain engourdissement comme celui du désespoir s'empara de moi ; J'avançai avec moins d'attention qu'auparavant à la direction que je prenais, et je restai de nouveau immobile pour écouter.

Lorsque nous fîmes cette seconde halte, je croyais que nous n'étions pas à moins de deux milles de l'endroit où se trouvait le canot, et il était certain que l'ennemi n'était pas si loin lorsque les armes furent déchargées.

Paul m'a serré le bras en signe qu'il voulait dire quelque chose ; mais j'ai mis ma main sur sa bouche. Le fait que j'avais commis une erreur des plus graves commençait à se loger dans mon cerveau ennuyeux, et une peur nerveuse m'envahissait.

L'idée que lui, un garçon de l'Est qui ne connaissait rien à l'art du bois, avait de bonnes raisons de se méfier de mes capacités, m'a mis en colère et, comme un imbécile, j'ai avancé une fois de plus, cette fois à angle droit avec la route que nous avions suivie, même si même si j'aurais dû savoir que de tels voyages au hasard n'étaient pas calculés pour produire les résultats souhaités.

Après avoir traversé les sous-bois sur une distance d'environ un kilomètre supplémentaire, nous avons été arrêtés par un marécage.

Il n'était pas possible que ni les Indiens, ni Simon Kenton n'aient tenté de traverser un tel endroit où l'on doit patauger avec suffisamment de bruit pour proclamer chacun de ses mouvements, et je m'appuyai contre le tronc d'un arbre, réalisant pleinement tout le mal que j'avais causé.

De nouveau, Paul fit signe de vouloir parler, et je n'essayai plus de l'arrêter.

« Si nous devons chasser Kenton, ou espérer savoir ce qu'il est devenu, ne vaudrait-il pas mieux que nous retournions au canot et attendions le jour ?

"Alors il est de notre devoir de remonter le courant pour avertir les volontaires", répondis-je d'un air maussade.

"Nous ne pouvons pas espérer le retrouver pendant qu'il fait nuit, et il se peut que nous nous perdions", suggéra-t-il doucement, sur quoi, et sans raison, je me tournai vers lui avec colère.

"Nous l'avons déjà perdu !"

"Tu ne peux pas revenir sur tes pas jusqu'à la rivière ?" » demanda-t-il doucement et sans montrer de crainte.

"Nous devrions être capables de rejoindre le cours d'eau ; mais, ce faisant, je ne pourrais pas dire si nous étions au-dessus ou au-dessous du canot, et nous pourrions voyager pendant des heures dans la mauvaise direction."

"Nous pourrions apprendre notre route au fil du courant, et s'il n'est pas possible de retrouver le bateau, il faudra alors remonter la rivière pour avertir les volontaires."

"Et laisser Simon Kenton entre les mains de ces brutes sauvages ?" Ai-je demandé avec colère, devenu irraisonné par mes peurs nerveuses et le fait de savoir que je m'étais ridiculisé.

"Nous ne quittons pas Kenton, parce que nous ne l'avons jamais retrouvé, et puisque, comme cela semble vrai, nous ne faisons qu'errer sans but, ne serait-il pas plus sage de penser aux autres, qui comptent sur nous pour leur signaler le danger qui peut nous attendre. eux?"

Paul Sampson parlait comme un garçon sensé, et je m'en rendais pleinement compte. Lui, le garçon ignorant de l'art du bois, aurait dû être le chef, et j'aurais sincèrement souhaité l'avoir consulté avant de me lancer dans cette chasse à l'oie sauvage.

Même si on aurait pu en compter vingt, je ne voulais pas reconnaître mon impuissance, et c'est alors que quelque chose comme une lueur de bon sens m'est venue à l'esprit. J'étais prêt à avouer que j'avais agi comme un simple, et il devait avoir compris un peu la vérité, quand je dis :

— Il en sera comme vous le proposez, Paul, et nous nous dirigerons vers la rivière ; mais cette fois, je ne compte pas prendre les devants, ayant déjà montré que je n'ai pas le droit de diriger nos mouvements.

"Si vous désespérez ainsi, alors nous sommes vraiment perdus", dit-il doucement. "Rappelez-vous que je ne sais rien de ce genre de travail. Continuez comme avant, en faisant de votre mieux pour nous conduire jusqu'à la rivière. Ensuite, nous devrions viser à rencontrer les volontaires, me semble-t-il, en oubliant le pauvre Kenton à cause des nombreux autres. qui ont besoin de savoir exactement ce qui s'est passé ici.

Sans tenter d'argumenter, même si j'avais pu en trouver un qui justifierait notre voyage aller-retour comme nous l'avions fait, j'ai suivi sa suggestion.

Soit nous avions voyagé vers le sud jusqu'à l'endroit où la rivière prenait un virage serré, soit nous étions beaucoup plus profonds dans la forêt que ce qui me paraissait possible au début, car nous avons passé une heure entière à nous frayer un chemin à travers les sous-bois enchevêtrés, maintenant lentement parce que Nous comprîmes la nécessité de garder le silence, et continuâmes d'avancer aussi rapidement que nous le jugions en sécurité, et ce n'est qu'après un si long laps de temps que nous arrivâmes au bord du ruisseau.

Le courant de la rivière prouvait que je m'étais laissé retourner complètement, car sans cette preuve, je me serais dirigé vers le sud, croyant me diriger vers le nord.

"Le canot doit être au-dessus de nous", dit Paul tandis que nous nous arrêtions, "et en suivant le rivage, il devrait être possible de l'atteindre."

Cela me semblait tout à fait raisonnable, et l'espoir remplit de nouveau mon cœur alors que je me dirigeais le long de la rive, avançant maintenant avec plus de prudence car il était plus probable que nous puissions tomber sur l'ennemi.

Un endroit ressemblait beaucoup à un autre dans l'obscurité, et pourtant, avant minuit, nous arrivâmes à un endroit où je croyais fermement que la pirogue avait été abandonnée.

Paul était du même avis, allant même jusqu'à déclarer qu'il avait remarqué en débarquant le gommier près duquel nous nous trouvions pendant la consultation.

J'étais disposé à croire comme lui, mais pourtant le fait que le canot n'ait pas pu être retrouvé m'a fait penser que nous nous trompions tous les deux.

" Ce ne peut sûrement pas être le bon endroit ", ai-je argumenté, " car nul autre que Simon Kenton n'aurait pu rencontrer le canot dans l'obscurité, et, s'il ne nous trouvait pas, il attendrait notre retour pendant un certain temps. "

"Vous ne pouvez pas dire cela de manière positive", répondit Paul, "car l'éclaireur se rend compte que la sécurité des volontaires dépend de lui dans une certaine mesure, et il considérerait nos vies comme n'ayant que peu de valeur comparée à celles de tant d'autres qui descendent le pays. rivière."

"Alors tu penses qu'il est venu ici et qu'il est parti en bateau ?" J'ai demandé.

"C'est ce que je fais, car le gommier est aussi familier à mes yeux que n'importe quoi peut l'être par une nuit aussi sombre que celle-ci."

J'ai été submergé par cette possibilité. Si ce que Paul a déclaré avec tant d'assurance était vrai, alors devrions-nous deux jeunes gens rester seuls sur les rives de la rivière, au milieu d'un ennemi sauvage, pour retourner à Corn Island, ou, ce qui serait une tâche bien plus difficile et dangereuse, pour continuer jusqu'à l'embouchure de la rivière Tennessee.

En revenant, nous proclamerions le fait de ma folie et prouverions que je suis un garçon dont l'ignorance était proche du crime ; tandis qu'avancer ne semblait guère moins que le sacrifice de nos propres vies.

J'en ai parlé un peu à Paul, et il a répondu comme le garçon courageux et sincère qu'il était :

"Il vaut mieux reconnaître son ignorance que d'essayer d'acheter le secret au détriment de la vie. Si nous avons commis une erreur, pourquoi ne pas l'admettre ?"

Moi, qui m'étais vanté du fait que Simon Kenton était prêt à m'emmener avec lui comme éclaireur, je pensais que presque tout valait mieux que de rentrer, et pourtant je savais qu'il était de mon devoir de remonter le courant pour avertir ceux qui descendaient, car nous n'étions pas encore sûrs que l'éclaireur avait emporté le bateau.

Kenton pourrait être prisonnier entre les mains des sauvages, et dans ce cas il était de la plus haute importance que le major Clarke et ses volontaires connaissent les faits.

Ce n'est pas sans un grave combat mental que j'ai décidé d'étouffer ma fierté et de suivre les conseils de Paul ; mais une fois que j'avais décidé d'un plan d'action, j'avais hâte de le poursuivre.

La prudence nous commandait d'attendre le jour ; mais je crois en vérité que cela m'aurait rendu fou de rester inactif dans cet endroit, ne pensant qu'à ma folie, et maintenant, comme lorsque nous avons quitté le canot, j'ai continué avec une seule idée en tête ; mais, heureusement, en gardant suffisamment de bon sens pour comprendre que nous devons être sur nos gardes pour obtenir toutes les informations possibles pendant le voyage.

Plus nous remontions la rivière, plus j'étais convaincu que notre dernière halte était à l'endroit où le canot avait été laissé, car nous ne voyions aucune autre échancrure aussi familière sur le rivage, et maintenant la question importante dans je me demandais si Simon Kenton s'était embarqué dans la pirogue ou si les Indiens l'avaient emportée. Cette dernière proposition me parut si invraisemblable que je ne lui accordai guère de place dans ma pensée.

Nous avons continué notre route, voyageant à une vitesse ne dépassant pas trois kilomètres à l'heure, car nous étions obligés de nous déplacer silencieusement et en même temps nous exécutions le plan consistant à savoir s'il pouvait y avoir des ennemis dans les environs, et c'était Vers l'aube, alors que, comme je le croyais, nous avancions depuis au moins trois heures, notre progression fut stoppée lorsque nous tombâmes tout à coup sur un groupe de sauvages dont la plupart dormaient.

C'est le hasard, plutôt que la sagesse, qui nous a empêché de tomber directement sur eux et d'assurer ainsi notre propre captivité ou notre mort.

J'étais en tête, comme Paul l'avait insisté, et mes pensées étaient plus occupées par des spéculations concernant Simon Kenton que par le travail qui m'attendait, lorsqu'un bruit semblable à celui d'un ronflement arrêta mes pas.

Je m'étais arrêté à une douzaine de pas des sauvages, et je pouvais apercevoir, là où les broussailles étaient les plus minces, la forme d'une brute parée de plumes, appuyée contre un arbre visiblement en garde.

Encore une douzaine de marches et nous étions directement sur elles.

Me retournant vivement, je plaçai ma main sur la bouche de Paul, de peur qu'il ne parle, bien que le garçon se soit montré meilleur pionnier que moi, et ce mouvement de ma part lui fit comprendre le danger si proche.

Pendant peut-être vingt secondes, nous restâmes tous les deux à regarder dans l'obscurité, capables seulement d'apprendre qu'il ne pouvait y avoir moins de vingt Indiens campés ici, puis, silencieusement comme des ombres, car notre vie dépendait du mouvement, nous nous retournâmes, revenant sur nos pas. Il y avait jusqu'à trente mètres ou plus entre nous et les meurtriers endormis.

Puis j'ai murmuré à l'oreille de mon camarade :

"Nous devons faire un détour ici de peur que ces brutes ne sachent où nous sommes, alors gardez bien à l'esprit la direction de la rivière."

« Comptez-vous avancer sans savoir si Simon Kenton peut être parmi les sauvages ? » demanda-t-il, et un flot de honte m'envahit lorsque je réalisai ainsi que mon propre danger m'avait fait oublier l'éclaireur à un moment où son sort éventuel aurait dû être au premier plan de mes préoccupations.

En vérité, Paul Sampson aurait dû être le chef, et moi son humble disciple.

J'étais tellement humilié par sa prévenance et ma propre stupidité que j'aurais suggéré qu'il fasse une reconnaissance du camp, mais un instant plus tard, réalisant que je devais accomplir un travail aussi dangereux, ne serait-ce que pour expier mon passé. folie, j'ai murmuré :

"Reste ici pendant que j'avance."

"Pourquoi ne devrais-je pas vous suivre ? S'il en est ainsi, Kenton n'est pas là, nous pouvons continuer, et ainsi économiser le temps que vous passeriez à revenir me trouver."

Encore une fois, il avait raison, et encore une fois, j'étais stupide.

Eh bien, nous avons fait ce qu'il nous a suggéré, et aucun garçon à la frontière n'aurait pu faire un meilleur travail que ce même Paul, arrivé si récemment de l'Est.

En contournant les scélérats endormis si silencieusement que les observateurs aux oreilles vives ne parvenaient pas à s'alarmer, nous avions une vue sur les brutes telle que nous pouvions avoir dans l'obscurité, et après une demi-heure ou plus était consacrée au travail, je pouvais dire de une vérité que Simon Kenton n'avait pas été fait prisonnier par cette bande.

C'était un grand soulagement pour l'esprit, et pourtant cela ne faisait qu'augmenter ma honte, car je commençais maintenant à croire que l'éclaireur avait emporté le canot, remontant ou descendant la rivière, comme cela lui semblait le mieux, indépendamment de l'importance de la rivière. nous deux qui avions commis une faute comme la nôtre.

La lumière grise filtrait à travers le feuillage lorsque nous étions à l'écart de l'ennemi et que nous pouvions continuer le voyage avec un certain degré de sécurité.

J'avançai d'un pas rapide afin que nous puissions mettre la plus grande distance possible entre eux et nous avant que le jour ne soit complètement venu ; et le soleil se levait lorsque nous nous arrêtâmes pour respirer.

Maintenant, j'ai découvert que Paul avait à peu près la même idée que moi quant à l'endroit où se trouvait Kenton, sauf qu'il affirmait que l'éclaireur avait continué sa route vers le bas de la rivière, estimant qu'une bande de vingt personnes tenterait difficilement de tendre une embuscade à trois ou quatre bateaux lourdement chargés de munitions armées. Hommes.

« Un groupe comme celui-là pourrait faire de grands dégâts en tirant sur les bateaux depuis le fourré, » dis-je, « et si Simon Kenton les a vus, je suis sûr qu'il est reparti. Sinon, nous pourrions gagner un peu de crédit, bien qu'à peine assez. pour contrebalancer la honte, en revenant.

Nous savions que les volontaires commenceraient le voyage dès le lever du jour, donc dans une heure, si nous avancions à notre meilleur rythme, il devrait être possible d'héler le premier vaisseau.

Les Indiens pouvaient également se déplacer dans la même direction, c'est pourquoi il nous fallait avancer le plus rapidement possible, et j'ai de nouveau ouvert la voie à mon meilleur rythme.

De peur qu'il ne semble que j'ai trop parlé de ce que nous avons fait et pas assez des hommes courageux qui étaient sur le point de risquer leur vie pour que les colons de la frontière soient plus en sécurité, ce récit sera écourté sans aucun doute. Nous parlions encore de nous-mêmes jusqu'à ce que nous apercevions, au loin, le premier des bateaux plats.

Nous nous dirigeons en toute vitesse vers l'extrémité de la pointe sur laquelle nous nous trouvions en ce moment, nous agitons vigoureusement nos bras, n'osant pas crier, et l'engin était encore à un quart de mille de distance lorsque nous vîmes, au bruit, à bord que nos signaux avaient été vus et compris.

Ensuite, deux hommes sont partis dans un canot, pagayant devant le bateau plat encombrant afin qu'il ne soit pas nécessaire de le contourner, et dans un temps relativement court, nous avons été transportés vers le plus gros bateau, sur lequel se trouvait Major Clarke, impatient de savoir pourquoi nous revenions.

Je n'avais aucune envie de me protéger, même si je savais très bien que, dans l'esprit des hommes qui écoutaient l'histoire, j'avais commis presque un crime en désertant le canot alors que Simon Kenton était à terre. L'histoire entière fut racontée sans réserve, puis je fus réjoui par les paroles du major :

« Il est peut-être heureux que vous ayez joué le rôle d'un garçon insensé, car il est certain que Simon Kenton n'aurait pas négligé une compagnie telle que celle que vous avez vue sur le rivage. Il doit être soit qu'il ne les ait pas trouvées, soit qu'il en ait rencontré une autre Il nous incombe de veiller sur le groupe de reptiles, de peur qu'ils ne se dirigent vers Corn Island, là-bas, pour s'abattre sur les femmes et les enfants.

Cela dit, il donna certains ordres aux hommes, et sans délai, les longs balayages furent effectués jusqu'à ce que la lourde embarcation soit forcée de se rapprocher de la rive ouest, où elle fut amarrée.

Ensuite, trente ou plus furent envoyés à terre, le major les accompagnant après avoir donné à nous, les gars, la permission de les suivre.

"C'est ce que nous ferons, monsieur," dis-je, "si nous devons montrer la voie."

"Nous serions de pauvres pionniers si nous ne parvenions pas à suivre vos traces, les gars", a déclaré le major Clarke avec un sourire. "Vous ferez ce que vous voudrez."

Maintenant, il m'aurait mieux valu rester en sécurité à bord du bateau plat, mais il y avait une chance que maintenant je manifeste mon désir de réparer le tort commis, et je répondis comme si mon cœur était plein de courage :

« Nous ne serons peut-être pas d'une grande aide, monsieur ; mais j'aimerais mieux que nous participions au travail.

Sur quoi Paul s'est approché de moi comme pour dire que je n'avais fait qu'exprimer les pensées qu'il avait en tête.

C'est ainsi que nous suivions tous les deux les volontaires, sachant pertinemment que nous pourrions tomber dans une embuscade et sûrs que nous serions bientôt aux prises avec nos ennemis.

Parmi ces hommes dirigés par le major Clarke, aucun n'ignorait comment le travail qui l'attendait devait être accompli. Aucune commande n'était nécessaire.

Les volontaires s'éloignèrent de dix ou douze pas, s'étirant loin du fleuve jusqu'à former ce que les militaires appelleraient une « ligne d'escarmouche », puis commencèrent l'avancée, tandis que le bateau plat restait amarré à la rive et aux deux colons. pagayaient à toute vitesse en amont pour avertir les autres embarcations.

À l'exception des mouvements maladroits de Paul et de moi-même, aucun son ne pouvait être entendu tandis que nous avancions, vivement attentifs à l'ennemi et prêts à une attaque immédiate.

C'était comme si une compagnie d'ombres voltigeait çà et là au milieu des broussailles, autant qu'on pouvait en juger par le bruit, et bien que l'avancée fût silencieuse, elle se faisait rapidement.

Paul et moi étions un peu en retrait, faute de pouvoir suivre le rythme en silence, et pendant plus d'une demi-heure qui s'est écoulée, je n'ai pas aperçu un seul homme devant nous.

Puis soudain, alors que nous savions très bien que cela allait bientôt arriver, le bruit d'un fusil retentit dans l'air calme ; après cela, encore et encore, jusqu'à ce qu'il ne puisse plus y avoir de doute que la tête du groupe soit tombée sur ceux dont nous avions averti.

Ma timidité fut instantanément oubliée, bouleversée par le fait de savoir que nos vies devaient être défendues, et Paul, qui, je crois en vérité, n'avait jamais été timide, s'avança si rapidement pour prendre part à la lutte que j'entrepris. de lui de peur qu'il ne coure inutilement un danger.

Nous avons avancé de trois cents pas ou plus avant d'arriver à l'endroit où nos hommes étaient abrités derrière des arbres, essayant d'éliminer l'ennemi qui se trouvait dans des positions similaires, et j'ai entendu le major Clarke dire d'un ton aigu et bas :

« Mettez-vous à couvert, les gars ! Les reptiles sont proches de nous et vous leur donnez des cibles équitables.

Je sautai derrière un gommier, sans prêter attention aux mouvements de Paul, et je venais tout juste de gagner cet abri lorsqu'une balle coupa l'écorce à quelques centimètres de mon visage.

Les Indiens étaient prêts au combat, même si j'avais souvent entendu dire qu'ils ne résisteraient jamais dans un combat loyal, et la crainte m'est venue à l'esprit que Paul et moi n'ayons vu qu'une partie de leurs forces – que peut-être nous étions prêts à combattre. face à un corps important dirigé par des officiers britanniques.

CHAPITRE VII.
LE SCOUTEUR CAPTIF.

Pour vous qui avez lu et peut-être participé à des batailles entre deux armées, cette rencontre sur les bords de l'Ohio peut paraître insignifiante et sans intérêt, car il n'y a pas de récit passionnant de cette vaillante charge, ni de cette tenue obstinée. d'un poste.

Depuis le jour où trente hommes sous les ordres du major Clarke affrontèrent un nombre indéterminé d'Indiens sur les rives de l'Ohio, les refoulant de telle manière qu'il ne leur restait plus assez d'esprit pour exécuter le plan meurtrier qu'ils avaient formé pour avoir attaqué les habitants sans défense de Corn Island – depuis ce jour, dis-je, ce pays a connu de nombreuses guerres, et ce qui était pour Paul Sampson et moi-même comme une véritable bataille est, alors même que j'écris, est passé dans l'histoire comme quelque chose de trop insignifiant. mériter toute mention approfondie.

Mais à nous, les garçons, qui nous tenions là dans la longue file dispersée, sachant que notre vie dépendait de nos propres efforts ; sachant que le moindre mouvement imprudent, un seul instant perdu alors qu'on aurait dû appuyer sur la gâchette d'un fusil, pouvait signifier la mort, c'était un engagement aussi lourd et aussi important que tous ceux qui ont été menés depuis la création du monde, et avec raison, parce que notre propre sécurité était en jeu.

Dans ce monde, on est enclin à accorder de l'importance ou à minimiser un événement dans la mesure où il ne concerne que lui-même, et, par conséquent, Paul et moi pouvons très bien être excusés d'avoir gardé haut dans notre mémoire ce conflit qui signifiait tout pour ceux qui le connaissaient. les gens qui, à Corn Island, attendaient nos mouvements avant de commencer à construire cette colonie connue depuis sous le nom de Louisville.

Je ne peux pas en dire plus que ce que j'ai vu, et j'ose dire que mon expérience était la même que celle de tous les autres dans la file, car aucun homme ne pouvait prêter attention sauf à ce qui se trouvait directement devant lui.

Ce n'était en fait rien de plus, cette bataille, que de se tenir derrière un gommier ou un pin, selon le cas, regardant attentivement devant et de chaque côté sur une distance de vingt ou trente pas, dans l'espoir d'apercevoir une touffe de plumes. qui indiquerait où une balle pourrait être envoyée avec un effet mortel, ou se recroquevillerait chaque fois qu'un mouvement du feuillage indiquerait qu'un canon de fusil était poussé vers l'extérieur afin que son porteur puisse viser mortellement.

Cela semble assez banal lorsqu'il est exprimé en mots ; mais si celui qui a l'occasion de lire peut s'imaginer dans une telle situation, son seul effort étant de sauver sa propre vie ou de prendre celle d'autrui, on peut avoir une petite idée de l'excitation palpitante qui m'a envahi comme une fièvre.

De temps en temps, de différents points, on entendait des voix criant des mots d'encouragement à ceux de cette file d'hommes courageux qui pourraient peut-être être momentanément timides. De nouveau, et trop souvent, on entendait un cri de douleur ou une exclamation de colère lorsque la balle d'un sauvage avait mordu la chair, et pendant ce temps le major Clarke appelait tel ou tel homme en sautant d'un point d'observation à l'autre. l'autre, animant chacun par ses paroles comme par son exemple.

Dans une telle situation, les combattants ne prêtent pas attention au temps qui passe. Il y a des intervalles où chaque seconde équivaut à une douzaine de minutes, et puis encore, où les minutes défilent apparemment plus vite qu'on ne pourrait les compter.

Un jour, après avoir tourné le dos à l'arbre, sachant que mon corps était entièrement à l'abri pendant que je rechargeais mon fusil, j'observai Paul, calme et posé comme le chasseur le plus puissant d'entre nous. Si par hasard son objectif était moins juste que certains autres, ce n'était pas par nervosité ou par anxiété à son égard. Il a tenu bon comme un homme, un homme qui se bat pour protéger les autres plutôt que pour son propre honneur ou pour préserver sa propre vie.

Ce matin-là, Paul Sampson donna la preuve qu'il était digne d'être compté parmi les défenseurs de la frontière et qu'on ne retrouvait en lui aucune inconstance d'esprit de son père.

Le bruit de son fusil résonnait aussi souvent que celui des plus enthousiastes ou des plus expérimentés de la ligne, et je ne sais pas combien d'exécutions il aurait pu faire ; mais ce qui est certain, c'est que je vis pas moins de deux touffes de plumes s'élever convulsivement puis s'enfoncer brusquement hors de vue lorsque son arme eut été déchargée sur elles.

Je dis qu'il est impossible de dire à un tel moment combien de temps on fait face à son ennemi ; mais on raconta plus tard que les Indiens résistèrent à la bataille pendant près d'une heure, puis le major Clarke apprit qu'ils se repliaient.

Cette information était de la nature d'un ordre pour nous d'avancer, et nous avancions, sautant d'un endroit d'abri à un autre, tout en hâtant l'ennemi timide par des balles envoyées partout où le balancement du feuillage nous le disait l'une des brutes. faisait son chemin.

Lorsque nous eûmes avancé d'une manière si hésitante sur une distance de quarante ou cinquante pas, j'arrivai à l'endroit où l'équipage peint avait pris position, et j'y vis de bonnes preuves de ce que nous avions accompli.

Pas moins de quatre corps étaient étendus sur le sol, sans vie, et ma timidité revint dans la mesure où je réalisai que tout près, peut-être prêt à me viser, se trouvait peut-être quelque sauvage, si grièvement blessé qu'il ne pouvait pas rejoindre son des camarades dans ce qui était devenu à peine moins qu'un vol.

Nous avançâmes d'un abri à un autre, tirant rapidement, — Page 142. *Sur la frontière du Kentucky.*

À ce moment-là, nous courions plus de danger contre ces sauvages que contre ceux qui étaient encore sains de corps ; mais à mesure que le temps passait et que je ne sentais ni la piqûre d'une balle ni la coupure brûlante d'un couteau, mon courage revint avant que mon entourage ne se rende compte que j'avais frôlé la lâcheté.

Nous avons avancé, sautant d'un endroit abrité à un autre, jusqu'à ce que le message soit passé le long de la ligne que le reste de l'ennemi avait pris la fuite, ne cherchant plus à s'abriter, et que la bataille était terminée, à l'exception de ces hommes blancs avides qui poursuivi dans l'espoir de verser encore plus de sang indien.

Le major Clarke a donné l'ordre à ses forces de se replier sur le bateau. Il ordonna à quatre hommes de fouiller le bosquet à la recherche des corps des sauvages, afin que nous puissions savoir combien étaient tombés, et le reste du groupe, à l'exception de deux ou trois qui étaient si loin en avant qu'ils n'avaient pas entendu l'ordre. retourna à l'endroit où le bateau plat était amarré.

J'avais dans l'idée de féliciter Paul d'avoir été au combat et d'en être sorti indemne, croyant qu'un garçon comme lui, qui s'était dressé contre l'ennemi pour la première fois de sa vie, serait prêt à entendre des paroles d'éloge, ou , au moins, discutez des événements passionnants.

Mais le garçon que j'avais considéré comme ignorant parce qu'il n'avait jamais vécu à la frontière me faisait maintenant honte par ses actes.

Au lieu de passer son temps en paroles inutiles, Paul commença à nettoyer son fusil chauffant et à se mettre en état de rendre un service similaire si l'occasion l'exigeait soudainement.

Dérouté par son comportement calme et viril, je me tais, suivant son exemple, et lorsque le dernier des poursuivants fut revenu au bateau plat, nous deux, les gars, étions prêts à participer à une autre rencontre.

Ceux qui avaient été chargés de savoir combien de blessures nous avions infligées à l'ennemi rapportèrent que quatorze tués ou grièvement blessés gisaient dans le fourré, et une fois de plus le major Clarke nous interrogea sur le nombre probable que nous en avions vu dans le camp.

J'étais sûr, tout comme Paul, qu'il ne pouvait pas y en avoir plus de trente, alors qu'il était plus raisonnable de croire que le groupe comptait moins de vingt, et le major affirmait que nous pouvions être assurés qu'il n'y avait plus aucun danger à être présent. redouté de la part de cette bande particulière de brutes.

Pendant que nous combattions dans le fourré, les autres bateaux plats avaient descendu le cours d'eau, s'étaient arrondis et s'étaient amarrés à côté du premier bateau ; mais aucun homme n'était descendu à terre pour prendre part à la bataille à cause des ordres laissés par notre chef.

Nous étions maintenant prêts à continuer le voyage, et le major nous dit, à Paul et à moi, lorsque nous étions de nouveau à bord, dérivant au gré du courant :

« J'avoue que c'était une heureuse mésaventure pour vous, les gars, que d'avoir perdu de vue Simon Kenton, sinon nous aurions été appelés à enterrer un certain nombre de morts parmi les forces, au lieu de devoir compter seulement quatre blessés légers. ce groupe de reptiles nous a tiré dessus depuis le fourré alors que nous dérivions, de nombreuses pertes en vies humaines ont dû s'ensuivre. C'est pourquoi je tiens à ce que vous nous ayez rendu, au tout début du voyage, un bon service.

"Mais où peut être Simon Kenton ?" J'ai demandé.

"En descendant la rivière plutôt, croyant que vous avez été capturé alors qu'il espionnait les autres membres de ce gang. Nous le retrouverons avant plusieurs jours, à moins qu'il ne juge nécessaire de revenir pour le dans le but de nous avertir.

Si le major avait laissé entendre que Simon Kenton pourrait à ce moment être prisonnier parmi les sauvages, j'aurais ressenti la plus vive inquiétude pour sa sécurité ; mais voici un homme qui avait plus d'expérience sur la frontière que l'aîné d'entre nous, parlant de l'éclaireur comme s'il n'était pas possible qu'un danger puisse lui arriver, et quelles que soient les craintes que j'avais pu avoir à l'esprit avant cette époque. furent rapidement apaisés.

Maintenant, j'ai commencé à apprécier le voyage sur la rivière. Nous n'avions rien d'autre à faire que de nous asseoir à notre aise tandis que le courant rapide et fort nous portait vers notre destination, et un tel voyage était extrêmement agréable, d'autant plus que je ne jugeais plus nécessaire de me blâmer d'avoir quitté le canot alors que je devais le faire. sont restés auprès d'elle.

Simon Kenton lui-même me blâmerait pour avoir fait ce que j'ai fait ; mais après avoir su combien de bien en avait résulté, ses paroles de blâme ne pouvaient être sévères.

C'est avec de telles pensées que je me consolai, et finalement je ne prêtai attention à rien d'autre qu'à ce qui était agréable.

Quand midi arriva, Paul et moi partagâmes les provisions de nos compagnons, et, une fois le repas terminé, nous restâmes allongés de tout notre long à l'arrière du bateau, regardant le panorama qui s'étendait devant nous.

Il ne faut pas supposer que pendant que les bateaux dérivaient de cette manière paresseuse, les hommes ont négligé de prêter attention au danger possible.

Une surveillance stricte était exercée sur les deux rives, et lorsqu'il devenait nécessaire de contourner une pointe ou de passer quelque petite crique bordée d'arbres où l'ennemi pourrait se cacher pour envoyer une pluie de balles parmi nous, les lourdes embarcations étaient forcées de s'éloigner le plus possible de nous. le lieu du danger, tandis que chacun se tenait debout, le fusil à la main, prêt à arrêter une attaque ou à renvoyer une volée.

Il n'était pas permis que nous conversions à voix plus forte qu'un murmure, et ceux qui effectuaient les gros travaux de balayage prenaient soin de le faire de la manière la plus silencieuse possible, car nous savions très bien que l'ennemi se cachait sur les deux rives, et que toutes les précautions étaient prises. a été prise pour éviter de signaler notre approche.

Quand le jour toucha à sa fin, les bateaux furent autorisés à se rapprocher, et finalement, quand la nuit fut si proche que les ombres sur le rivage devinrent denses, le major Clarke fit signe, par des gestes, que nous devions haler. jusqu'au matin.

« Devons-nous passer la nuit près de la banque ? Paul a demandé, et moi, incapable de répondre, j'ai demandé des informations à l'homme le plus proche, qui a dit comme si je pensais que la question était stupide :

"Je pense qu'il n'y aura pas de navigation après le coucher du soleil, à moins qu'il n'y ait un grand besoin. Ceux qui dérivent sur cette rivière en ce moment feraient mieux de le faire lorsqu'il est possible d'avoir une bonne vue sur l'une ou l'autre rive, et le major Clarke est ce n'est pas l'homme qui prend des risques inutiles. »

"Les sauvages ne peuvent pas faire plus de mal dans l'obscurité que lorsque le soleil brille", dit doucement Paul.

" C'est là que je ne suis pas d'accord avec toi, mon garçon. Dans la lumière, nous pouvons donner autant de bien qu'ils nous envoient ; mais après la tombée de la nuit, quand il n'y a aucune chance de voir les reptiles, ils ont le dessus. Quoi qu'il en soit, notre opinion sur la question n'aura pas beaucoup de poids auprès du major, et vous constaterez qu'à cette heure-là, chaque jour, nous chercherons un endroit où nous arrêter.

Le bateau dans lequel nous naviguions était le premier de la flotte, et pendant que l'homme parlait encore, l'équipage effectuait les balayages jusqu'à ce qu'il passe sous la berge, suivi des autres, et en moins d'une demi-heure nous étions amarrés pour le nuit.

Ceci fait, le premier devoir était de savoir s'il pouvait y avoir des ennemis dans les environs, et des éclaireurs furent immédiatement envoyés, pendant que le reste de la compagnie se préparait à dîner, ou, devrais-je dire peut-être, à le manger. car la nourriture que nous transportions à cette époque était déjà cuite.

Il n'y avait aucune pensée de danger immédiat dans mon esprit ; Bien sûr, je réalisai que nous étions encerclés par des ennemis, mais après la bataille du matin, j'étais sûr que l'ennemi avait été repoussé à une distance respectueuse.

J'avais cessé de penser à Simon Kenton, sauf à descendre la rivière à son meilleur rythme, en grondant parce que nous n'étions pas avec lui pour partager le travail, et je comptais passer la nuit en repos.

Il se trouve que le major Clarke était assis très près de Paul et moi lorsque le premier des éclaireurs revint, et les informations qu'il apporta furent suffisantes pour chasser de l'esprit de tous les hommes à bord toute idée de ne rien faire.

Il ressort de l'histoire que nous avons entendue que cet éclaireur, voyant une faible lueur comme celle d'une lumière sur la rive opposée de la rivière, à un mille en dessous de l'endroit où nous étions couchés, avait pris un canot sur le bateau plat le plus proche et avait traversé à la pagaille.

Là, après avoir atterri, il se glissa sans bruit à travers le feuillage à une centaine de mètres ou plus de la berge jusqu'à ce qu'il aperçoive ce qui m'expliquait, au moins, pourquoi Paul et moi n'avions pas réussi à trouver la pirogue lorsque nous revenions après notre insensé vagabondage.

Un groupe de cinquante Indiens, probablement une partie de la même bande que nous avions fouettée ce matin-là, s'était arrêté dans le but de torturer à mort un prisonnier, et ce prisonnier, ainsi que l'homme l'a déclaré, n'était autre que Simon Kenton.

Il avait également été téméraire et insensé en débarquant à la recherche d'informations, et à peu près au moment où nous avons entendu les rapports concernant les armes à feu, il a dû être fait prisonnier.

Même si je frémissais à l'idée que ceux qui allaient à la rescousse pourraient arriver trop tard, je pensais avec un certain soulagement qu'il ne pouvait plus nous reprocher d'avoir abandonné notre poste.

Si nous étions restés dans le canot, comme nous l'aurions fait, alors, sans aucun doute, nous aurions été prisonniers avec lui, et les bateaux plats, n'ayant pas été retardés par la bataille, pourraient être à ce moment-là trop en aval pour leurs occupants. pour apporter toute aide.

Il va sans dire qu'immédiatement cette nouvelle fut annoncée, les préparatifs étaient faits pour le sauvetage, et tandis que les hommes étaient réprimandés, car le major Clarke n'avait pas l'intention d'emmener avec lui plus de la moitié d'une compagnie, Paul me dit doucement, comme si il n'y avait rien d'excitant ou d'alarmant :

"Bien sûr, c'est notre droit d'aider au sauvetage de l'éclaireur."

"Il y en a beaucoup d'autres ici qui pourraient rendre un meilleur service que nous", répondis-je, n'appréciant pas une seconde rencontre.

Si Paul et moi avions été seuls dans le fourré et étions les seuls à pouvoir porter secours à Simon Kenton, je n'aurais jamais songé un seul instant à me retenir ; mais il y avait là près de quatre cents hommes, tous plus expérimentés que lui ou moi dans des affaires aussi sanglantes, et ce n'était qu'une question de désir qui nous entraînerait dans le conflit.

"Nous sommes partis de Corn Island avec lui, et nous devrions être les premiers à aller à son secours", dit Paul, comme si l'affaire était déjà réglée dans son esprit, et j'ai compris à l'instant qu'il s'adresserait au major Clarke pour permission de rejoindre la force, que j'étais disposé à l'accompagner ou non.

Cela m'aurait terriblement fait honte si Simon Kenton était vivant lorsque le groupe l'atteignit et ne m'avait pas vu avec mon camarade. C'est pourquoi je me levai immédiatement comme s'il avait hâte d'une autre bataille, et ensemble nous nous approchâmes du commandant.

"Nous désirons, monsieur, participer au sauvetage", dit modestement Paul. "Nous étions ses camarades et devrions être les premiers à aller à son secours."

C'est alors que le major Clarke a fait à peu près la même réponse que moi, en répondant qu'il vaudrait mieux que les hommes plus âgés prennent le poids de l'affaire ; mais Paul s'accrocha sombrement à son objectif, en répétant :

"C'est notre devoir, monsieur, et je crois que c'est notre droit."

Je n'étais pas disposé à ce qu'il soit le seul à faire preuve de courage et de désir d'aider Simon Kenton, c'est pourquoi j'ai dit, en mettant autant de désir dans ma voix que possible :

"Je vous prie, monsieur, que nous soyons autorisés à nous joindre à la fête, ne serait-ce que parce que l'éclaireur était notre camarade."

« Ce sera comme vous le dites, les gars, » répondit le major Clarke ; "Mais je vous mets en garde contre une trop grande avidité de telles bagarres. Une attaque de nuit, même si elle peut parfois être moins dangereuse que de jour, s'avérera probablement bien plus dangereuse."

Le major aurait pu me convaincre que c'était mon devoir de rester à bord du bateau plat ; mais Paul Sampson était aussi têtu une fois qu'il avait pris sa décision, qu'il avait des manières calmes, et j'ai compris, sans avoir besoin de mots, qu'il ne se détournerait pas de son dessein.

On peut bien supposer qu'après que ce mot fut prononcé, tout le monde fit attention au silence, car si les sauvages qui s'apprêtaient à torturer le prisonnier découvraient que nous étions à portée de main, la mort de Simon Kenton s'ensuivrait rapidement.

Tenter de gagner la rive opposée avec l'un des grands bateaux plats serait une folie, c'est pourquoi toutes les pirogues que nous remorquions ou transportions à bord furent alignées, et les hommes sélectionnés pour l'entreprise y grimpèrent, Paul. et moi parmi les autres.

Maintenant, à ma grande surprise, au lieu de traverser directement la rivière, les bateaux ont été autorisés à dériver du même côté où les lourdes embarcations étaient amarrées, en restant bien à l'ombre des arbres, et pas avant que nous soyons à un mile ou plus en dessous. là où on disait que les Indiens s'étaient arrêtés, aucun effort n'était fait pour traverser.

Au moment où le côté opposé fut atteint, nous étions à deux milles en aval du courant, et une distance encore plus grande de l'endroit qu'il serait nécessaire de gagner pour sauver Kenton.

Ici, nous avons atterri, le major Clarke et l'un des hommes les plus âgés prenant la tête, tandis que les autres suivaient en file indienne.

Paul et moi étions à mi-chemin de la file, et comme des ordres stricts avaient été donnés pour qu'aucun mot ne soit prononcé, il me serrait le bras de temps en temps, comme pour transmettre par de tels moyens les pensées qui lui venaient à l'esprit.

Je ne pouvais pas deviner ce qu'il pouvait penser ; mais je savais que c'était un fait très désagréable qu'à tout moment nous puissions tomber dans une embuscade, car personne ne pouvait dire avec certitude que les Indiens n'avaient pas remarqué notre arrivée.

J'ai plus souffert pendant cette marche de trois kilomètres dans l'obscurité totale que la nuit précédente où il semblait que le sort de Paul et le mien était scellé.

Lorsque nous étions arrivés si près du lieu de torture que la lumière des feux allumés autour de l'arbre auquel le captif était attaché pouvait être clairement vue, mais était masquée de la vue de la rivière par le feuillage, mon cœur battait et cognait jusqu'à ce que il me semblait que j'étais devenu tellement nerveux, comme si le bruit devait avertir l'équipage peint qui dansait autour de sa victime désignée.

À voix basse, le major Clarke ordonna que les hommes se séparent et avancent en rampant, chacun à une distance de six pas l'un de l'autre, jusqu'à ce que nous ayons à moitié encerclé la bande meurtrière ; le premier coup de feu du commandant fut entendu.

On croyait ainsi que la moitié des sauvages seraient tués au premier incendie, et que, ainsi surpris, le reste chercherait refuge dans la fuite.

Lorsque Paul et moi, nous tenant plus près l'un de l'autre que ne le permettaient les ordres, nous fûmes approchés aussi près des sauvages qu'il était possible de le faire en toute sécurité, nous eûmes une vue complète du malheureux Kenton.

Je n'avais aucun doute que les Indiens reconnaissaient en lui quelqu'un qui leur avait fait beaucoup de mal dans le passé, car ils se préparaient à prolonger ses tortures au maximum. Des éclats de bois tranchants étaient préparés pour être utilisés à la manière des lances, de peur que les couteaux ne provoquent la mort trop rapidement, et l'équipage peint tournait déjà autour de lui, lorsque, comme je le savais d'après ce que m'avaient dit les autres, avant que soient allumés les feux qui devaient brûler sa chair, il serait coupé et mutilé de mille blessures superficielles.

Simon Kenton était un homme courageux, et c'est ainsi qu'il s'est montré à ce moment où il ne pouvait y avoir aucun espoir dans son esprit que l'aide soit proche.

Presque nu pour que les loups meurtriers puissent voir où frapper sans leur infliger des blessures trop graves, il leur fit face avec ce qui ressemblait fort à un sourire sur le visage, tandis que le sang coulait déjà sur son corps par de minuscules entailles, et je Il comprit que, même si l'angoisse lui venait à l'esprit, jamais un cri de douleur ne pourrait sortir de ses lèvres.

Paul s'est approché pour me saisir convulsivement le bras, et je savais que le garçon éprouvait des sentiments très vifs pour le prisonnier, étant capable de très bien comprendre quelles avaient dû être les pensées du captif, car n'avait-il pas occupé la même position ?

J'avais levé mon fusil, visant l'Indien qui se tenait le plus près de Simon Kenton, déterminé que la balle devait trouver son emplacement, lorsque le craquement aigu de l'arme du major Clarke retentit, et un sauvage dansant tomba au sol avec un cri de douleur et défi.

Instantanément, une demi-centaine de fusils furent déchargés, et il me sembla que toutes les têtes à plumes tombaient, après quoi la scène fut obscurcie par des nuages de fumée sulfureuse.

CHAPITRE VIII.
AU RENDEZ-VOUS.

Avant même que la fumée ne se soit suffisamment dissipée pour que je puisse voir les captifs, nos gens se précipitèrent en avant, tous rechargeant en courant, et pendant deux ou trois minutes, la confusion fut si grande que je ne pus comprendre ce qui pouvait se passer.

Paul et moi nous étions précipités avec les autres et, instinctivement, en ce qui me concerne, nous nous sommes dirigés vers le prisonnier, qui était pieds et poings liés de telle manière que je me demande s'il aurait pu bouger l'un ou l'autre de ses bras. membres jusqu'à l'épaisseur d'un cheveu.

L'effet de l'incendie n'a pas été aussi mortel que je l'avais d'abord supposé. Plus d'un des sauvages dut tomber à terre pour déconcerter notre objectif, comme je le compris maintenant en voyant qu'il n'y en avait pas plus de cinq étendus à terre près du captif.

Les autres avaient décidé de parcourir une courte distance et deux de nos hommes sont tombés alors qu'ils couraient en avant, tandis que j'ai vu des taches de sang sur les chemises de deux autres.

"Nous devons nous mettre à l'abri !" J'ai crié à Paul, en m'écartant de la route que nous suivions pendant que je parlais, et en lui saisissant le bras pour qu'il soit forcé de faire de même.

Le brave petit garçon n'avait cependant aucune idée de laisser Simon Kenton à la merci des brutes peintes. Il était raisonnable de supposer qu'ils lui tireraient dessus plutôt que de permettre un sauvetage, et Paul était déterminé à le sauver au péril de sa propre vie.

S'arrachant son bras de ma main, et presque au même instant dégainant son couteau de chasse, il se précipita vers l'arbre auquel l'éclaireur était attaché, et involontairement je le suivis ; mais aucun crédit ne devait m'être accordé pour cet acte, car j'étais à peine conscient de mes propres mouvements.

Ici, là et partout autour de nous, à ce qu'il me semblait, des détonations de fusils retentissaient, et chaque arme était tenue dans une visée mortelle.

C'était comme si l'air était rempli de missiles mortels, et pourtant aucun d'eux ne nous toucha alors que nous traversions ce qui était maintenant un espace ouvert, hommes blancs et sauvages s'étant retirés dans l'abri le plus proche.

Paul fut le premier à atteindre le captif et, avec un cri de joie, il commença à couper les lanières en peau de cerf avec lesquelles le pauvre garçon était attaché.

"Vous êtes des gars selon mon cœur !" » cria Simon Kenton, sa voix résonnant clairement et distinctement, même au-dessus des cris des combattants et du crépitement des fusils. "Si je vis, il sera peut-être possible de vous payer pour le travail de cette nuit !"

Ses paroles chassèrent la timidité de mon cœur, et avant qu'il ne cesse de parler, j'aidais Paul à couper les lanières avec autant d'empressement que si c'était mon idée plutôt que la sienne d'accomplir un travail aussi périlleux.

Les sauvages commencèrent à tirer sur nous dans l'espoir de nous empêcher d'atteindre notre objectif et, peut-être, de tuer en même temps le prisonnier, sur quoi nos gens ouvrirent un feu si rapide et si meurtrier qu'aucune tête à plumes n'osa se montrer, et En un laps de temps relativement court, Simon Kenton courait avec raideur vers l'abri le plus proche.

Il avait été attaché dans une position si longtemps que ses membres étaient presque impuissants ; mais il parvint à franchir le sol aussi vite que nous deux, et ramassa un fusil tombé des mains d'un Indien mort alors même qu'il courait.

C'était pour moi comme si le combat avait à peine commencé lorsque nous étions tous les trois à nouveau dans un lieu relativement sûr et prêts à abattre un ennemi.

Paul et moi disposions d'une quantité suffisante de munitions pour fournir à l'éclaireur ce dont il avait besoin pour continuer sa part de combat, et alors qu'il se tenait derrière un gros gommier, attendant attentivement une occasion de se venger des insultes qu'il avait endurées, nous eu une conversation plutôt amicale.

"Qu'as-tu fait le matin et que je ne me suis pas présenté ?" » a demandé Kenton, sur quoi j'ai répondu rapidement, pensant que le présent était de loin le meilleur moment que je pourrais avoir pour reconnaître ma faute.

"Nous sommes allés à votre recherche au bout d'une heure et n'avons pas réussi à trouver le canot à notre retour."

Alors Paul, comprenant que je voulais que l'histoire soit racontée d'une manière qui me serait favorable, raconta rapidement nos aventures depuis ce temps-là jusqu'à ce que nous apprenions les ennuis de l'éclaireur.

"J'ai couru droit dans les bras de quatre serpents qui m'avaient entendu arriver, et je me suis révélé être le plus grand idiot qui ait jamais tenté de descendre la rivière Ohio", a déclaré Kenton avec amertume, et je me suis réjoui du ton, car il disait qu'il ne s'intéresserait probablement pas de très près à ma folie.

Il était attaché à l'arbre où nous l'avions trouvé, depuis le petit matin, et pendant ce temps les sauvages lui avaient donné un léger avant-goût de ce qui allait arriver, en lui coupant le corps çà et là jusqu'à ce que le sang coule en petits ruisseaux.

Sur le moment, cela me parut étrange que nous parlions tous les trois du passé de cette façon tranquille, nous interrompant de temps en temps pour décharger nos fusils lorsqu'on apercevait une touffe de plumes ; mais j'appris par la suite que, dans les moments de plus grand danger, Simon Kenton semblait occupé des affaires les plus insignifiantes.

Je lui ai demandé un jour, alors que la conversation traînait, s'il avait pensé que les forces du major Clarke pourraient venir à son secours, et il a répondu avec insistance :

"Je n'avais aucune idée, mon garçon, mais qu'ils étaient à plusieurs kilomètres plus bas ici. Vous pouvez être sûr que j'ai retourné la question encore et encore dans mon esprit. J'avais tout le temps de réfléchir, et je ne voyais d'autre issue que moi. d'aller dans l'autre monde aussi joyeusement que possible. J'étais déterminé à ce que ces furtifs ne fassent pas monter un cri de douleur à mes lèvres. Mais pour vous deux, car je compte que certains reptiles m'auraient tiré dessus avant cela. Si vous n'étiez pas venus comme des petits hommes, risquant les balles, pour me libérer, je n'aurais plus pris part à cet ancien voyage du major Clarke. Si l'un de vous se retrouve jamais dans une situation délicate, vous pouvez comptez sur ma proximité pendant que le souffle reste dans mon corps.

C'était le moment où j'aurais dû avouer que sans Paul, lui, Simon Kenton, serait encore attaché à l'arbre ; mais les mots n'ont pas été prononcés, et je n'ai jamais cessé de regretter de n'avoir pas donné l'explication due à mon camarade.

En lisant ce qui est écrit ici, il me semble que j'avais donné l'impression que nous prêtions peu d'attention à tout ce qui pouvait se passer autour de nous, alors qu'en fait, nous étions très attentifs à tout ce qui se passait. , et ne perdit aucune occasion de porter un coup mortel aux démons peints.

Les autres membres de notre parti n'étaient pas du tout en retard dans l'accomplissement de leur devoir. Comme lorsque nous affrontâmes les sauvages plus en amont de la rivière, chacun fit de son mieux, et cette démonstration de courage ne fut pas du goût de ceux qui comptaient faire couler le sang de Simon Kenton.

Moins d'une demi-heure après que l'éclaireur fut libéré, ils commencèrent à reculer, et nous pressâmes notre avantage jusqu'à ce qu'un coup tel ait dû leur être donné une leçon.

Puis on entendit la voix du major Clarke ordonnant aux hommes de regagner les canots, et quelques instants plus tard, nous étions transportés vers le bateau plat, où les autres membres de l'expédition attendaient avec impatience de connaître le résultat de l'entreprise.

Il n'y avait plus aucune raison urgente de garder le silence, car le bruit du conflit avait alarmé tous les serpents peints au son des fusils, et nos hommes discutaient de la situation sans prendre la précaution de parler à voix basse.

L'opinion générale semblait être que ces deux partis que nous combattions depuis le point du jour n'en faisaient qu'un. Notre première rencontre eut lieu avec ceux qui remontaient la rivière en avance pour espionner le pays, et c'était le corps principal qui avait fait de Kenton un prisonnier.

Tout ce qui s'était passé était pour le mieux. Sans ma folie, beaucoup d'hommes auraient pu être tués, et cette folie n'aurait pas été commise si l'éclaireur n'avait pas été fait prisonnier.

Il est évident que le bon Dieu s'était interposé en notre faveur, et nous sortions des combats sans rien de plus grave que des blessures qui, bien soignées, guériraient bientôt.

Moins d'une demi-heure après que nous sommes montés à bord du bateau plat après avoir relâché Kenton, il a insisté pour que Paul et moi nous couchions et, à ce moment-là, je pensais que cette démonstration d'attention à notre égard résultait de nos efforts pour libérer lui à une époque où la mort le regardait en face.

N'ayant pas dormi la nuit précédente, nous n'étions que trop heureux de donner suite à sa suggestion, et en peu de temps, nous deux, les garçons, dormions profondément comme seuls peuvent le faire les garçons fatigués.

À minuit, nous comprîmes pourquoi Kenton avait été si soucieux de notre bien-être.

Puis il nous réveilla en disant, tandis que nous ouvrions les yeux :

"Je pense que vous ne voulez plus rester ici, les gars, et il est temps que nous déménagions ?"

"Où vas-tu?" Ai-je demandé d'un ton endormi.

"En avance sur les bateaux plats. À moins que nous ne commencions maintenant, il y a peu de chances que nous puissions faire beaucoup de bien à la fête, et je compte sur faire un meilleur travail que le premier."

Cela ne me plaisait pas de partir au milieu de la nuit pour dériver à travers un pays infesté, comme nous avions alors toutes les raisons de le croire, d'ennemis sauvages, et je ne comprenais pas comment nous pourrions être utiles à les volontaires en descendant la rivière dans l'obscurité alors que nous pouvions croiser une centaine de bandes de reptiles sans soupçonner leur proximité.

C'est ce que j'ai dit à Kenton, et il a répondu en riant :

« Je pense que nous pouvons compter sur le fait que la rivière sera dégagée pendant les trente prochains milles, et après que nous serons allés aussi loin, il nous suffira de nous allonger le long de la rive pour attendre la lumière du jour, ou de prendre un petit moment tranquille. éclairez à terre.

"Comme vous l'avez fait la nuit dernière", dis-je doucement, sans prêter attention aux mots, et une seconde plus tard, j'aurais pu me mordre la langue pour avoir fait une telle erreur, car l'éclaireur dit sombrement :

"Peut-être que ce serait mieux si nous ne parlions pas beaucoup de la nuit dernière. Le garçon qui quitte un canot pour chercher un camarade en reconnaissance, sans avoir laissé aucun mot sur l'endroit où il pourrait aller, je ne suis pas en état de lancer de vieux scores aux autres.

Je comprenais maintenant pourquoi Simon Kenton s'était abstenu de faire toute remarque désagréable lorsque Paul lui avait parlé de nos déplacements. Il s'est rendu compte que nous avions fait une chose imprudente, mais il n'a pas voulu dire ce qui aurait pu nous blesser à un moment où nous venions de contribuer à lui sauver la vie.

Sans ma langue rapide, je n'aurais jamais dû savoir qu'il réalisait pleinement toute ma folie.

On peut bien imaginer qu'après ce rappel qu'il ne fallait pas se fier à moi en cas de danger, mes lèvres sont restées fermées, et en silence je me suis mis à me préparer pour le voyage.

La pirogue que Kenton avait décidé de prendre se trouvait à côté, et dans elle avait déjà été placée toute la provision de provisions dont nous pourrions avoir besoin.

Paul et moi n'avions pas grand-chose à faire à part ouvrir grand nos yeux endormis et grimper sur le côté du bateau plat, tâche que nous accomplissions en silence.

Le major Clarke était réveillé pour nous donner ses dernières instructions, et après avoir eu une conversation privée avec Kenton, ce dernier monta dans le canot, largue l'aussière en disant en réponse à une remarque murmurée du commandant :

"N'ayez crainte, je sais très bien ce qui peut arriver, et vous pouvez compter sur moi pour être plus prudent qu'avant."

J'avais l'idée que ces mots pouvaient faire référence à ma bêtise de la nuit précédente, et je n'ai pas cherché à savoir contre quoi le major Clarke l'avait mis en garde.

Nous nous sommes lancés dans l'obscurité, notre vaisseau léger s'est éloigné rapidement par le courant rapide, et presque immédiatement, il nous a semblé que nous étions à nouveau complètement seuls dans la nature.

Sauf pour maintenir le canot au milieu du courant, Kenton ne fit aucun effort pour diriger ses mouvements, et nous descendîmes la rivière en silence, surveillant attentivement les deux rives pendant que je me promettais de ne plus jamais être coupable de céder à la peur.

Paul, le brave garçon qu'il était, garda le silence. Jusqu'à présent, il s'était couvert de la gloire que l'on peut acquérir lorsqu'on est opposé à des ennemis tels que les nôtres, et le fait que je ne lui avais pas accordé tout le crédit quand l'occasion se présentait de le faire, ne faisait que me faire sentir la plus clairement qu'il était mon supérieur même s'il n'avait aucune expérience préalable.

J'ai deviné que le courant nous transportait à cinq milles à l'heure. On disait que la distance entre Corn Island et le rendez-vous à l'embouchure de la rivière Tennessee était considérablement supérieure à trois cents milles, et au rythme de progression des lourds bateaux, en attente pendant la nuit comme ils le faisaient, il faudrait six jours complets pour faire le voyage.

Nous, dans le canot, ne pouvions pas nous attendre à moins de cinq jours de cette dérive sur la rivière, au cas où nous nous rencontrerions sans retard, et tandis que je pensais à ma mère, il me semblait que nous allions à l'autre bout du monde. Je me demandais si je pourrais un jour la revoir, et il semblait que les chances étaient contre notre rencontre, à en juger par les dangers que nous avions déjà courus alors que le voyage était à peine plus que bien commencé.

En m'attardant sur les possibilités, je me suis vite mis dans un état d'esprit des plus lâches, dont je ne me suis réveillé que lorsque nous sommes arrivés à une longue étendue de terre sablonneuse de chaque côté de la rivière, où il n'y avait aucune crainte que nos ennemis puissent trouver. une cachette.

C'est alors que Simon Kenton a entamé une conversation, comme s'il savait que j'avais besoin d'être encouragé, et il n'a mis fin à la conversation que lorsque nous étions à nouveau près de la partie boisée des rives.

Quand le jour parut, nous n'avions rien vu qui puisse nous alarmer, même si nous savions tous très bien que nous aurions pu croiser des dizaines de sauvages sans nous en rendre compte, et l'éclaireur fit avancer le bateau vers la rive ouest, en disant à voix basse :

"Je compte bien jeter un œil autour de moi, les gars, et cette fois vous resterez tranquillement à bord jusqu'à mon retour, ou jusqu'à ce que les bateaux plats se soulèvent en vue."

Paul, comprenant que ces paroles étaient en quelque sorte un reproche à mon égard, dit hardiment :

"C'était bien pour toi, Simon Kenton, que Louis ait insisté pour descendre à terre, sinon le soleil ne s'est plus jamais levé pour tes yeux."

« Tout cela, je le sais très bien, mon garçon, et je serais une brute si je n'accordais pas à ce fait le poids qui lui est dû ; mais je ne veux pas que vous mettiez votre propre vie en péril pour moi. j'ai des gens qui t'aiment, alors que moi——"

Il cessa brusquement de parler comme s'il avait dit plus que ce qu'il avait prévu, et ma langue devint à nouveau un membre indiscipliné.

"N'as-tu pas de parents qui pleureraient ton absence ?" » demandai-je, et le visage de Simon Kenton pâlit, bien que bronzé par le temps.

"Moins on parle de moi, mieux ce sera", répondit-il sèchement, puis, la pirogue étant au bord de la berge, il s'élança pour la faire jeûner, mettant ainsi fin à d'autres paroles.

Il ne fut absent qu'une demi-heure, pendant laquelle Paul et moi restâmes immobiles et silencieux, cachés par le feuillage, à la vue de tous ceux qui passeraient par terre ou par eau.

À son retour, nous savions qu'il n'avait vu aucun signe de danger, même si aucun mot n'avait été prononcé avant que nous soyons à un mile ou plus du lieu d'arrêt. Puis il dit doucement :

"Je pense que nous avons déjà rencontré tous les reptiles qui errent par ici, et que nous n'allons plus nous lancer dans des combats de ce côté de la rivière Tennessee. Nous garderons quand même une surveillance attentive, cependant. , et arrêtez-vous ce soir pour ne pas trop devancer les volontaires.

Comme il l'a dit, nous l'avons fait. Pendant la journée, nous dérivions au gré du courant, ne voyant aucun danger, et à la tombée de la nuit, nous hissions le canot sous le feuillage en surplomb pour profiter d'une bonne nuit de sommeil.

L'histoire du voyage de cette journée était celle des jours qui suivirent jusqu'à ce que nous soyons arrivés au rendez-vous, arrivant, comme nous le croyions, pas plus de vingt-quatre heures en avance sur les forces du major Clarke.

Depuis le jour où Simon Kenton avait été fait prisonnier, nous n'avions vu aucun signe de l'ennemi, et il semblait certain que nous avions alors rencontré la seule bande guerrière en dehors des avant-postes britanniques.

Quand nous descendîmes du canot à l'embouchure de la rivière Tennessee, j'inspirai longuement de soulagement, car à ce moment-là j'étais plus près de l'épuisement que je n'aurais jamais cru possible quand on n'a rien fait d'autre que de rester inactif.

Rester assis jour après jour dans un bateau étroit comme notre pirogue, sans oser bouger de peur d'être renversé, est un véritable travail. Je n'avais jamais eu beaucoup d'expérience dans ce genre de voyage et je sentais que je n'en avais vraiment pas besoin de plus.

Nous avons établi notre campement en construisant un appentis en matériaux légers, et tandis que Simon Kenton retournait dans le fourré à la recherche d'un gibier quelconque, Paul Sampson et moi nous prélassions paresseusement, profitant au maximum de la possibilité de nous dégourdir les membres à fond. longueur.

L'éclaireur était encore absent lorsque nous vîmes sortir prudemment du feuillage quatre hommes blancs, et n'eût été le fait qu'ils transportaient une bonne provision de viande , prouvant ainsi qu'ils étaient partis à la chasse, j'aurais pu soupçonner qu'il s'agissait d'espions britanniques.

Dans l'état actuel des choses, je ne me sentais pas libre de donner des renseignements particuliers sur nous-mêmes, et j'ai averti Paul de se garder de parler des bateaux plats ; mais plutôt pour leur faire croire que nous descendions simplement la rivière à la recherche d'un emplacement de ferme.

Naturellement, les chasseurs aux yeux perçants aperçurent notre appentis aussitôt qu'ils sortirent du milieu des broussailles et se dirigèrent droit vers nous.

Dans le désert, les hommes sont soit des ennemis, soit des amis ; il n'y a pas de demi-chemin comme parmi les citadins, et j'ai immédiatement décidé dans mon esprit qu'on pouvait compter sur ces nouveaux arrivants, même si je souhaitais de tout cœur Simon Kenton, qui pourrait prendre la responsabilité de les recevoir.

Leur première question fut de savoir si nous étions seuls, et après avoir appris qui était notre compagnon et notre chef, l'un des membres du groupe exprima le plus grand plaisir de le revoir.

"J'ai repéré et piégé avec le jeune Kenton," dit chaleureusement le chasseur, "et un meilleur ami que je n'espère jamais avoir. Où allez-vous, les gars ?"

Je balbutiai, ne voulant pas donner beaucoup d'informations tant que nous n'en saurions pas plus sur les étrangers, et hésitant pourtant à refuser de répondre à une question simple, lorsque Paul dit rapidement, me soulageant de mon embarras :

« Si vous connaissez Simon Kenton, monsieur, vous comprendrez bien qu'il ne convient pas à nous, les garçons, de parler de ses intentions. Il est parti à la recherche de viande et reviendra bientôt pour répondre de lui-même.

"Eh bien, dit, mon garçon. Tu as un langage prudent, et c'est nécessaire par ici, parce que certains d'entre nous ont des ennemis blancs aussi bien que rouges. Nous pouvons attendre Kenton, et en attendant, il n'y aura pas de grand mal si nous Je me suis mis au travail en cuisinant un peu de ce match avant.

Puis les hommes prirent possession de notre pauvre camp, et l'odeur de la viande cuite ne tarda pas à monter dans l'air du soir, aiguisant nos appétits jusqu'à ce que, sans la honte, j'aurais mendié un peu de nourriture avant qu'elle ne soit plus que disponible. bruni par les flammes.

Le repas n'était pas encore préparé lorsque Simon Kenton parut, et je fus heureux de le voir saluer les chasseurs comme s'ils eussent été de vieux amis, car cela disait que pendant cette nuit au moins nous n'avions rien à craindre.

Sans hésitation, il expliqua le but de notre venue et parla des bateaux plats avec leurs chargements de volontaires qui pourraient être attendus le lendemain, sur quoi les étrangers parurent très satisfaits.

Il parut, comme je l'appris bientôt par la conversation, que ces hommes venaient de Kaskaskia ; mais ils n'étaient en aucun cas en bons termes avec le commandant du poste britannique là-bas.

Ils sympathisaient avec les efforts des colons pour secouer le joug que le roi leur avait imposé, et déclarèrent leur intention de se joindre aux forces du major Clarke, si cet officier était disposé à les recevoir.

"Je vous répondrai que le major vous accueille chaleureusement", dit Kenton d'un ton satisfait, "et grâce à votre aide, nous pourrons surprendre l'avant-poste."

Puis la conversation cessa pour que tout le monde puisse prendre part au repas qui, à ce moment-là, était préparé, et nous, deux jeunes hommes, sentîmes que la partie la plus dangereuse de l'entreprise était terminée, bien qu'au moins deux garnisons britanniques n'aient pas encore été capturées.

CHAPITRE IX.
KASKASKIA.

Durant cette soirée et le lendemain, nous obtenâmes toutes les informations concernant Kaskaskia qu'il était nécessaire que le major Clarke connaisse.

Ces hommes qui étaient tombés sur nous si opportunément étaient, comme je l'ai dit, des trappeurs de cet avant-poste et désireux de faire tout ce qu'ils pouvaient pour renverser la domination des Britanniques sur notre frontière.

Un tel désir était tout à fait naturel, comme on peut le croire quand je dis que les officiers du roi poursuivaient la politique de stimuler les Indiens contre les colons, afin que ceux qui n'étaient pas disposés à prêter allégeance au roi soient tués ou chassés du pays. .

Monsieur Rocheblave, un Français, commandait les forces britanniques autour de Kaskaskia, et les chasseurs le présentaient comme un officier extrêmement vigilant, qui maintenait un grand nombre d'espions continuellement en alerte pour se prémunir contre l'approche des gens du Kentucky connus avoir pris parti aux côtés des colons de l'Est dans la lutte pour la liberté.

Il y avait quatre-vingts soldats britanniques dans la garnison, et tous les Peaux-Rouges des environs étaient à la solde du commandant ; on pourrait donc dire que la force à cet endroit était extrêmement forte ; mais les amis de Simon Kenton croyaient qu'on pourrait la prendre par surprise, à condition de capturer les espions envoyés par Rocheblave.

Une fois que nos gens se présentèrent devant la garnison, alors que les Indiens n'étaient pas là pour prêter leur aide, le poste devait nécessairement se rendre, et ainsi le travail qui nous était assigné pouvait être accompli sans effusion de sang.

Que ce Français renégat s'efforçait de soulever l'Indiana contre les colons, cela ne faisait aucun doute ; en fait, l'un de ces chasseurs avait de bonnes preuves que tel était le cas, il ayant été présent lorsque l'officier du roi offrit une certaine récompense sous forme de munitions et de couvertures si les sauvages voulaient surprendre et massacrer un certain nombre de familles qui avaient fait une clairière. sur les rives du fleuve Mississippi.

Kaskaskia a été fondée, comme je l'ai lu, après la visite de La Salle au Mississippi en 1683, par le père Gravier, missionnaire catholique parmi les Indiens des Illinois, et fut la capitale et le chef-lieu du pays des Illinois jusqu'à ce que les Français continuent à y vivre. possession de celui-ci. En 1763, il fut cédé par les Français à la Grande-Bretagne, et les officiers français qui en détenaient la possession restèrent à la solde du roi d'Angleterre.

A l'exception d'une quinzaine ou d'une vingtaine, comme les chasseurs que nous avons rencontrés, tous les colons des environs étaient d'origine française.

La journée qui suivit notre arrivée à l'embouchure de la rivière Tennessee se passa dans le farniente. Nous avions une abondance de viande, et les chasseurs ne voulaient pas parler ou penser à autre chose que la capture éventuelle de l'avant-poste d'où avaient été envoyées tant de bandes meurtrières de sauvages pour verser le sang simplement afin que l'emprise du roi sur ce beau pays puisse être rétablie. soit le plus fort.

C'est pourquoi nous sommes restés inactifs, perdant notre temps, à ce que je pensais, jusqu'à midi après midi, lorsque Paul et moi avons erré sur une courte distance en remontant la rivière en compagnie de Simon Kenton et du chasseur qu'il avait accueilli en ami, et alors furent prononcées ces paroles qui enlevèrent du cœur de Simon Kenton le plus grand fardeau qu'un homme puisse porter.

Plusieurs fois, depuis qu'il m'était apparu si soudainement sur la rive de la rivière Ohio, étant arrivé à un moment où il pouvait rendre à ma mère et à moi-même le plus grand service possible, il avait commencé une phrase sur lui-même et s'était arrêté brusquement, comme s'il craignait. trahir un peu sa propre vie que les autres ne devraient pas connaître.

Un tel comportement, ainsi que le fait qu'il refusait de dire quoi que ce soit sur ses débuts dans sa vie, ou sur la raison pour laquelle il servait comme éclaireur alors qu'il semblait que la nature l'avait préparé à un noble objectif, m'a convaincu, tout garçon que j'étais, que il y avait un secret douloureux qui l'avait fait sortir du milieu de ceux qu'il aimait.

En ce jour dont je parle, alors que nous remontions la rivière sans but, le chasseur dit négligemment, sans accorder de poids particulier à ses paroles :

"J'ai rencontré Donnelly à Cahokia il y a peu de temps et nous avons parlé de toi, Simon."

Kenton s'est arrêté brusquement, comme le fait un homme lorsqu'une balle atteint un point vital de son corps. Son visage pâlit comme je l'avais vu une fois auparavant, et il tremblait comme dans une crise de fièvre, s'efforçant de parler, mais en vain, et le chasseur, alarmé par cette démonstration de faiblesse, se serait élancé pour empêcher l'éclaireur de tombant, mais celui-ci l'écarta d'un geste et demanda d'une voix tremblante :

"Quel Donnelly as-tu rencontré ?"

"Celui que vous avez des raisons de connaître ; peut-être aurait-il été mieux si je disais ce Donnelly qui a de bonnes raisons de se souvenir de vous."

"Tu veux dire Martin ?" » demanda Simon Kenton avec effort, et montrant encore plus de signes de trouble mental.

"Oui, mon garçon, Martin Donnelly, et pourquoi devriez-vous, plus que tout autre, montrer de la peur à son nom ?"

"Dites-moi!" et Kenton se pencha en avant avec impatience, comme si sa vie même dépendait de la réponse. "Voulez-vous dire que vous avez parlé avec ce Martin Donnelly qui vivait il y a quelque temps dans le comté de Fauquier, dans la colonie de Virginie ?"

"Oui, Simon, le même. Celui que tu as fouetté jusqu'à ce que le souffle ait presque quitté son corps."

"Et il vit ?" » demanda Kenton avec une longue inspiration, se redressant comme le fait quelqu'un qui a été soudainement soulagé d'un lourd fardeau.

"Il était vivant lorsque je l'ai rencontré à Cahokia, et comptait s'installer dans la région des Illinois, si par hasard tout était favorable. Il a quitté sa famille en Virginie, d'après ce que j'ai compris; mais il comptait les retrouver cet automne. "

Kenton s'appuya contre un arbre, le visage caché dans son bras, et nous restâmes tous les trois à le regarder en silence et avec étonnement pendant peut-être dix minutes, lorsqu'il se tourna vers nous avec une expression telle que je n'oublierai jamais.

" Si vous ne vous êtes pas trompé, John Lucas, " dit-il lentement et avec un accent de joie dans le ton, " si vous avez dit vrai, on m'enlève ce que je croyais devoir porter dans ma tombe. , et de là jusqu'à la présence de mon Dieu. Si Martin Donnelly est vivant, je suis à nouveau un homme libre... "

"Je te le dis, Simon, j'ai vu et parlé avec Martin Donnelly", s'exclama Lucas avec impatience. " Quel est le sens de vos paroles ? Pourquoi n'avez-vous pas toujours été un homme libre, sauf peut-être lorsque les sauvages vous tenaient entre leurs griffes, comme l'ont raconté ces gars d'ici ? "

"Voici l'histoire d'un homme qui arriva à la frontière se croyant meurtrier et faisant tout ce qu'il pouvait pour expier un prétendu crime commis à un moment où la colère s'emparait de lui. Comme vous le savez, je suis né dans le comté de Fauquier. en 1755, où mon père, un Irlandais, s'était conquis à force de dur labeur une telle maison et une telle plantation qu'un homme pauvre pouvait les admirer avec fierté. Jusqu'à l'âge de seize ans, aucune pensée ne me vint à l'esprit sinon être planteur et continuer l'œuvre commencée par mon père. Puis j'aimais une fille, la fille de notre plus proche voisin, et comptais, avec le consentement de ses parents ainsi que du mien, l'épouser le moment venu. Martin Donnelly est venu dans le district et, par des moyens injustes, comme je l'ai fait et le prétends encore, il m'a arraché sa femme. Je l'ai rencontré le lendemain de son mariage. Il m'a nargué avec ce qu'il avait fait; a affirmé qu'un planteur irlandais en Virginie était si peu d'importance que le premier nouveau venu pouvait lui prendre tout ce qu'il avait qui devait être gagné par de belles paroles, et cela a continué avec une telle tension jusqu'à ce que la rage me submerge. J'ai bondi sur lui comme une panthère, sans utiliser d'armes ; et de mes mains nues je l'ai pommelé jusqu'à ce qu'il gisât comme un mort. La peur a remplacé la colère ; J'ai essayé de le réveiller; mais il gisait comme un cadavre, et moi, me croyant meurtrier, je m'enfuis, poursuivi par ma seule conscience, à travers les Alleghanies, où je rejoignis ceux qui poussaient en avant à l'extrême frontière. Depuis ce jour, j'ai évité la demeure de tous les hommes, à l'exception de ceux qui vivent loin de toute colonie. Combien de fois j'ai désiré revoir mon père et ma mère, je n'ai pas besoin de le dire. Je n'osais pas revenir en arrière, croyant que j'allais être arrêté et exécuté comme meurtrier ; mais maintenant je suis libre de faire ce que je veux, et sauf que ma parole m'oblige à rester en éclaireur avec le major Clarke jusqu'à ce que l'expédition prenne fin avec la prise de Vincennes, je partirais à cette heure pour rentrer chez moi. J'en ai rêvé, mais je ne m'attendais jamais à le revoir."

Après avoir ainsi parlé, Simon Kenton s'éloigna rapidement en amont du courant, et nous trois, impressionnés par son histoire et sachant qu'à un tel moment il serait préférable de le laisser tranquille, nous retournâmes au camp. Même si l'expédition du major Clarke concernait les avant-postes britanniques, elle fut merveilleusement réussie, dans la mesure où grâce à elle, l'ombre d'un grand crime avait été levée sur un seul homme.

Ce n'est que vers la tombée de la nuit que l'éclaireur nous rejoignit, et alors toute trace de son émotion disparut. Il était à peu près le même qu'auparavant, et pourtant entièrement différent, si je puis utiliser une expression aussi contradictoire. Je veux dire qu'il n'y avait aucun changement dans ses manières, autant qu'on pouvait le voir lorsque nous parlions du but de notre voyage, ou de ce qui devait être fait dans l'avenir ; mais quand nous parlions avec Paul et moi, il y avait un ton joyeux dans sa voix – une certaine liberté de manière qui me frappa fortement, et pourtant n'aurait peut-être pas été évidente pour quelqu'un qui ne connaissait pas tous les faits.

Plus d'une fois dans la soirée, il évoqua le jour où il devait retourner en Virginie, et pendant le reste du voyage, ce fut comme si toutes ses actions futures étaient tracées en référence particulière à cette visite devenue possible depuis peu.

Ce n'est que le lendemain à midi que les premiers bateaux plats apparurent, et c'était le conseil de ces chasseurs de Kaskaskia que nous nous mettions sans tarder en marche pour remonter le Mississipi, de peur que les espions de M. Rocheblave ne donnèrent à cet officier avertissement opportun de notre venue.

Immédiatement le major Clarke débarqua, Simon Kenton l'informa de ce que nous avions appris, et les quatre chasseurs annoncèrent leur désir d'accompagner l'expédition à partir de ce point en tant que guides.

Rien n'aurait pu être plus favorable à l'entreprise et, comme on peut le supposer, le major n'hésita pas à accepter leurs services.

Les volontaires, tous des hommes bons et éprouvés, furent rapidement mis au courant des faits de l'affaire, car dans une entreprise pareille, le commandant ne faisait aucun effort pour cacher ses intentions à ceux qui l'accompagnaient, et chacun croyait que non il faudrait perdre du temps à ce stade sur la rivière.

Lorsque le dernier bateau eut contourné et amarré devant notre camp, nous étions aussi bien préparés pour la marche, voire mieux, que nous ne l'aurions été vingt-quatre heures plus tard, et la halte ne fut prolongée que jusqu'à ce qu'elle puisse le faire. Ce sera à tous les membres du parti de décider de la meilleure façon de procéder.

Après consultation, il fut décidé que les bateaux devraient être largués environ six milles plus loin sur la rivière jusqu'à un point permettant de les cacher, après quoi notre groupe commencerait la marche à travers le désert, et le dernier bateau n'avait pas été amarré. Une demi-heure avant notre départ, Simon Kenton, Paul et moi pagayions en avant pour sélectionner un endroit où nous pourrions laisser les bateaux encombrants avec une certaine assurance qu'ils ne seraient pas découverts.

Pour que je puisse raconter l'histoire de tout ce que nous avons fait pendant que nous étions avec Simon Kenton, il est nécessaire qu'une grande partie des détails soient omis, sinon cette pauvre histoire serait si longue que celui qui aurait tenté de lire pourrait se lasser de la tâche.

C'est pourquoi rien ne sera écrit sur la marche à travers le désert, au cours de laquelle nous n'avons rencontré d'autre aventure que la capture d'un des espions de Rocheblave, que nous avons rencontré le surlendemain après avoir quitté le fleuve.

Nous avons eu la chance, à trois, c'est-à-dire Simon Kenton, Paul et moi, de croiser cet individu alors qu'il cuisinait une grosse dinde, et bien que cela ne lui plaisait pas du tout, nous l'avons forcé à repartir avec nous au major Clarke. Il prétendait être un honnête colon de Kaskaskia, dont les sympathies allaient aux colons en difficulté ; mais John Lucas nous avait dit qu'il y en avait peu dans la colonie ainsi disposée, et Simon Kenton croyait qu'il était plus sûr de le retenir pendant un certain temps, plutôt que de courir le risque de le laisser aller où il voudrait.

Les chasseurs des avant-postes réglèrent bientôt son sort, car ils reconnurent en lui celui qui avait été le plus actif dans l'incitation des Indiens contre les colons du Kentucky, et sans la position audacieuse du major Clarke, il aurait été mis hors du monde dans les plus brefs délais. C'était possible, comme il aurait dû l'être, car je le considérais comme un meurtrier plus délibéré que les sauvages, et également coupable.

Cependant, nous l'avons gardé prisonnier en l'attachant entre deux des hommes les plus forts, et j'ose dire que pendant le reste de notre promenade à travers le désert, il a eu une assez bonne idée de la façon dont les femmes et les enfants innocents se comportent lorsqu'ils sont forcés de accompagner les ravisseurs sauvages.

Notre progression fut raisonnablement rapide, et pourtant aucune précaution ne fut épargnée pour éviter toute surprise.

Vingt membres du groupe, parmi lesquels se trouvaient Simon Kenton, Paul et moi, restâmes à deux milles ou plus en avant du corps principal, se répartissant dans ce qu'on appellerait aujourd'hui une ligne d'escarmouche, et prenant grand soin que rien n'échappe à notre attention.

C'est dans l'après-midi du 4 juillet que nous arrivâmes à moins d'un mille de l'avant-poste, ayant toutes les raisons de croire que jusqu'ici M. Rocheblave ignorait que nous proposions de lui retirer son commandement.

Sans la rencontre opportune avec les quatre chasseurs, je me demande si nous aurions pu avancer secrètement si près ; mais eux, connaissant toutes les approches de la colonie et sachant où nous serions moins susceptibles d'attirer l'attention, nous conduisirent en toute sécurité jusqu'à ce que nous soyons en bonne position pour commencer le travail en cours.

Bien que nous fussions plus de quatre cents personnes, nous restâmes cinq heures cachés presque à côté de la garnison, et pourtant aucun soupçon de notre présence ne fut éveillé.

Personne d'autre, à l'exception d'hommes familiers de la vie frontalière, n'aurait pu accomplir ce qui me paraît aujourd'hui presque impossible, même si je sais pertinemment que cela a été fait.

Nous restions cachés dans le fourré, d'où nous pouvions voir les habitants du village aller et venir, occupés à leurs tâches quotidiennes, et pourtant on aurait pu passer à moins de cent mètres de nous sans se douter que tant d'hommes armés se trouvaient à proximité.

On croyait, du moins chez Paul et moi, qu'une bataille devait être livrée avant que nous puissions prendre possession de l'avant-poste, et peut-être n'est-il pas nécessaire que je note ici le fait qu'une fois de plus mon cœur était rempli de timidité, car à cette époque, il fallait bien comprendre que chaque fois qu'un danger menaçait, je devenais lâche.

C'était une chose de lutter contre les Indiens dans la forêt où nous pouvions trouver un aussi bon abri qu'eux, et une autre d'avancer à découvert contre une garnison d'hommes aussi habiles que nous au maniement du fusil et protégés par une palissade.

Je croyais, et avec raison, que beaucoup d'entre eux seraient envoyés dans un autre monde avant que le soleil ne se lève à nouveau, et, à moins que je ne veuille montrer à mes compagnons à quel point j'étais devenu un lâche, je devais courir le risque de mourir. avec les autres.

Il n'était pas du tout gai, étendu là dans le fourré, n'osant parler ni bouger de peur qu'une alarme ne soit donnée, et attendant avec impatience la lutte qui devait bientôt s'ensuivre.

S'il avait été possible de converser avec Paul, alors un sujet aurait pu être abordé qui aurait changé le courant de mes pensées ; mais il m'était même interdit de chuchoter, et il me sembla alors qu'entre nous et cette palissade si proche, la mort allait et venait, attendant notre approche.

C'est le lâche, et seulement le lâche, qui se tourne vers l'avenir à la recherche du danger. L'homme sensé attend d'être confronté au péril pour céder à la peur, et cela m'a été prouvé avant que de nombreuses heures ne se soient écoulées. J'ai souffert dix fois plus que si nous avions avancé et été sévèrement battus, et pourtant, comme nous l'avons vite compris, je n'avais aucune raison de me torturer ainsi.

Quand la nuit arriva, il me sembla que le major Clarke avait oublié dans quel but nous étions là.

En regardant du milieu du fourré, nous pouvions voir que les habitants de la colonie étaient partis se reposer. Deux heures après le coucher du soleil, la garnison était silencieuse et pourtant notre commandant ne donnait aucun signal.

Attendant les blessures, et peut-être la mort, comme je le faisais, les instants s'écoulaient extrêmement lentement, et j'en vins à croire que presque tout danger serait préférable à cette attente furtive du signal qui devrait précipiter l'action.

Paul, qui était allongé à mes côtés, ne semblait apparemment pas prêter attention au passage du temps. Comme le garçon courageux que j'avais fini par comprendre, il restait apparemment indifférent à ce que l'avenir pourrait nous réserver, gagnant le repos qui lui serait très utile lorsqu'une action violente était nécessaire.

Il me sembla que la nuit était déjà à moitié passée lorsque je vis le major Clarke se lever et, comme je l'appris par la suite, il n'était pas plus de neuf heures.

Le moment décisif était venu. Si maintenant nous ne parvenions pas à capturer Kaskaskia, alors l'expédition serait un échec cuisant, et ceux qui ne tomberaient pas sous les balles pourraient s'attendre à se retrouver prisonniers entre les mains de ravisseurs qui ne feraient preuve que de moins de pitié que les sauvages.

Avant que nous soyons arrivés à cette cachette, il fut décidé que le groupe serait divisé en cinq sections, dont chacune attaquerait à partir d'un point différent, et maintenant que le signal avait été donné, les hommes se formèrent en détachements, se déplaçant vers silencieusement dans l'obscurité comme cela avait été convenu précédemment.

Simon Kenton, Paul et moi étions parmi ceux qui devaient marcher droit vers la palissade d'où nous étions, et nous n'avons donc fait aucun mouvement jusqu'à ce que ceux qui devaient s'approcher du côté opposé aient eu le temps de se mettre en position. Le major Clarke lui-même devait diriger notre division, et bien qu'il comptait prendre la garnison par surprise, je crois qu'il pensait que si nous voulions obtenir une victoire, nous la paierions cher en sang.

Eh bien, je consacre beaucoup de mots à ce qui n'était en soi qu'une affaire des plus insignifiantes. Il suffisait que nous marchions et prenions la garnison, comme si tous les soldats du roi là-bas attendaient à bras ouverts pour nous recevoir amicalement.

Quand le mot d'avance fut donné, notre partie de la compagnie pouvait voir au loin, dans l'obscurité, de chaque côté, les différents détachements se rapprochant de la palissade, et pourtant aucun bruit ne sortait de ces vaillants soldats du roi, qui, au lieu de garder l'avant-poste passait son temps en sommeil.

Nous nous rapprochions de plus en plus, croyant toujours que dans la seconde suivante nous entendrions le détonation d'un canon d'alarme ; mais les minutes passaient, et le silence dans la palissade était aussi profond que si nul autre que les morts n'en possédait.

Nous nous dirigeâmes droit vers la grande porte, croyant que dans la seconde suivante nous entendrions le canon de l'alarme. — Page 204. *Sur la frontière du Kentucky.*

Nous avançâmes droit jusqu'à la grande porte, et la garnison se sentait si en sécurité dans l'amitié des sauvages, assoiffés du sang des Blancs qui n'étaient pas en faveur du roi, que la barrière n'était même pas fermée.

Nous sommes entrés et avons encerclé les quartiers du commandant avant qu'aucun ennemi ne se rende compte de notre présence, puis l'alarme est venue.

Un coup de feu fut tiré au moment où le major Clarke se présentait devant la porte de la maison de M. Rocheblave, et l'écho de la détonation s'était à peine éteint qu'il entra, suivi d'une vingtaine d'hommes, dans le bâtiment.

Debout aux côtés de Paul, juste derrière Simon Kenton, j'attendais le début de cette bataille qui semblait imminente ; mais je suis devenu un peu plus audacieux du fait que nous étions à l'intérieur de la palissade.

Pendant que je restais en alerte, mon fusil à demi levé, on entendit, je ne sais d'où, la nouvelle que le commandant s'était rendu, et, se tournant vers nous, Simon Kenton dit comme s'il n'était pas satisfait de cette fin paisible de ce qui s'était passé. avait promis d'être une entreprise des plus difficiles.

"Eh bien, les gars, le premier des avant-postes que nous comptions capturer est le nôtre, et nous n'avons pas eu à payer une seule charge de munitions."

"Voulez-vous dire qu'il n'y aura pas de combat ?" Ai-je demandé avec surprise.

— Comment cela se peut-il, puisque M. Rocheblave s'est rendu ?

"Mais on nous a dit qu'il y avait ici quatre-vingts hommes pour tenir la garnison au nom du roi ?"

"Oui, mon garçon ; mais le commandant ayant décidé que nous entrerions en possession paisible, les prive du droit de faire des objections. Kaskaskia est à nous, et il faudra une longue journée avant que le drapeau du roi soit de nouveau hissé. Mais comment cela se fait-il ? ? On dirait que vous êtes déçu."

"Je ne sais pas si je dois rire ou pleurer."

"Pourquoi devrais-tu pleurer, mon garçon?"

" Parce que pendant ces cinq heures, je suis resté couché dans le bosquet, tremblant que la mort ne soit ma part dans cet engagement, et que celui qui se fait si simple devrait pleurer parce qu'il est si faible d'esprit. "

CHAPITRE X.
CAHOKIA.

Même si nous ne pouvions pas, à juste titre, nous vanter d'avoir capturé un poste où aucune résistance n'a été opposée, les membres des forces du major Clarke, y compris Paul et moi-même, avons regardé avec triomphe cet exploit, aussi exsangue qu'il se soit avéré.

Le roi n'aurait sûrement pas perdu ainsi la possession de son avant-poste si nous, c'est-à-dire toute la compagnie, étions restés chez nous, et par conséquent pourrions-nous prétendre que la garnison était désormais tenue au nom de la province de Virginie uniquement grâce à nos efforts.

Comme nous l'apprîmes le lendemain par ceux à qui le major Clarke avait confié les faits, plusieurs papiers de M. Rocheblave avaient été détruits par sa femme après qu'il fut fait prisonnier, car nos gens ne jugeaient pas nécessaire de faire une femme captive. Elle fut autorisée à conserver la propriété de la maison jusqu'au matin, et pendant ce temps elle brûla de nombreux papiers qui auraient dû nous revenir.

Elle n'eut cependant pas le temps de détruire toute la correspondance de Monsieur, et on en trouva suffisamment pour prouver sans aucun doute que celui-ci, agissant sur instructions de l'Angleterre, avait incité les Indiens aux hostilités contre ceux des colons qui osaient croire que les rebelles les colons avaient raison.

Je crois en vérité que nos hommes se seraient rapidement vengés de ce Français qui avait causé la mort et la torture de tant de nos compatriotes, sans la présence d'esprit du major Clarke.

Immédiatement après avoir appris que les membres de la force étaient conscients de la culpabilité du Français, il désigna vingt hommes parmi les plus fiables, ceux en qui il pouvait avoir confiance pour exécuter ses ordres à la lettre, et les envoya prendre en charge M. Rocheblave et sa femme. à Williamsburg en Virginie, afin que le méchant homme puisse être jugé pour les crimes qu'il avait commis contre des femmes et des enfants sans défense.

Le groupe partit avant midi le lendemain de notre prise de la garnison, à une époque où nos gens étaient occupés dans d'autres directions, et ainsi aucun acte n'a été commis qui aurait pu nous faire honte, même si je considère même maintenant que cela aurait pu nous faire honte. Nous n'aurions pas eu tort si nous avions effacé de sa propre vie le crime de M. Rocheblave, bien que lui, étant prisonnier, avait droit à notre protection.

Il n'avait pas eu de telles notions d'honneur lorsqu'il avait lancé les sauvages contre les colons sans défense, sachant pertinemment combien d'horribles souffrances seraient causées.

Il est cependant parti avec une peau entière, comme je le sais très bien, puisque Paul et moi avons aidé à préparer le bateau qui devait transporter le groupe jusqu'à l'embouchure de la rivière Ohio, d'où ils traverseraient le pays jusqu'à Williamsburg. .

La femme du Français l'accompagnait naturellement, et j'ai depuis essayé de savoir ce qu'était devenu ce scélérat, mais sans succès. Il méritait d'être pendu, si jamais quelqu'un l'avait fait, même si beaucoup de gens prétendaient qu'il n'était pas vraiment coupable, puisqu'il n'avait fait qu'exécuter les ordres donnés par ses supérieurs.

Si l'un de ceux qui ont plaidé avec tant d'éloquence pour sa libération avait su ce que c'était que de voir un père torturé à mort, comme je le savais, il y aurait eu moins de commentaires en faveur d'un tel misérable.

Cependant, cela n'a rien à voir avec l'histoire de ce que Paul Sampson et moi avons fait et vu pendant que nous faisions des reconnaissances en compagnie de Simon Kenton.

Lorsque nos gens apprirent que M. Rocheblave avait été renvoyé avec une peau entière, car, comme je l'ai dit, tous les préparatifs de son départ étaient faits dans le plus grand secret et que lui et sa femme étaient passés clandestinement à bord du bateau, il se passa quelque chose de très comme une mutinerie dans le camp, et le major Clarke avait une tâche tout aussi importante qu'il pouvait faire pour calmer les hommes ; mais les volontaires s'installèrent bientôt tranquillement, se promettant que le moment viendrait où ils pourraient avoir plus de poids dans la décision du sort du Français.

Après s'être emparé de l'avant-poste, c'était comme si le major Clarke comptait flâner à Kaskaskia sans faire aucun effort supplémentaire pour s'emparer des autres possessions du roi sur le fleuve Mississippi.

Pendant trois jours, nous sommes restés tranquillement dans le campement, nous amusant du mieux que nous pouvions, et beaucoup de membres de la compagnie se sont laissés aller à beaucoup de grognements à cause de l'inactivité.

Nous étions venus ouvrir le fleuve à notre propre peuple, disaient-ils, et c'était presque un crime de flâner alors qu'il y avait à proximité tant de garnisons qui devraient entrer en notre possession.

Cependant, avant que les trois jours ne soient écoulés, nous avons compris le but de notre commandant. Il n'avait pas dérangé les colons français que nous trouvâmes à Kaskaskia ; mais, au contraire, il montra son intention de les protéger comme il le ferait pour ceux qui nous étaient liés par des liens de sang, et le résultat fut que le peuple commença à comprendre tout ce que ce changement de gouverneurs avait gagné.

Les sauvages n'étaient plus les bienvenus pour y tenir leurs hideux pow-wow, et les soldats ne pouvaient plus voler les colons comme on le faisait sous le commandement de M. Rocheblave. À tous égards, le peuple a été gagnant de notre venue et a pleinement apprécié ce fait.

Le prochain avant-poste britannique en amont de la rivière, au-dessus de Kaskaskia, était Cahokia, une colonie où se faisait un commerce considérable et un dépôt d'armes britanniques à distribuer aux sauvages.

Elle avait été occupée par les Caoquias, une tribu d'Indiens de l'Illinois, bien avant la découverte du Mississippi. Les Français s'y sont installés peu après que La Salle ait descendu le fleuve, et on disait qu'il ne contenait pas moins de quarante familles en plus d'une garnison d'une soixantaine de soldats.

C'était le poste que le major Clarke comptait capturer lorsqu'il quittait Corn Island, et nous avons vite appris qu'il n'avait pas changé ses intentions, mais qu'il était occupé à perfectionner ses plans au moment même où certains d'entre nous l'accusaient de passer le temps. des jours de farniente.

Entre ces deux avant-postes se trouvaient trois petits villages que le roi revendiquait comme siens, et qu'il faudrait capturer avant d'arriver aux colonies plus importantes.

Lorsque tous ses préparatifs furent terminés, le major Clarke annonça que le capitaine Joseph Bowman, commandant d'une des compagnies, devait diriger l'expédition vers Cahokia, qui comprendrait environ deux cents hommes, tandis que lui, le major Clarke, avec le reste de l'expédition. L'armée devait rester à Kaskaskia et, en même temps, être prête à tenir en échec les Indiens des environs qui pourraient s'aviser, dans leurs vilaines têtes, de nous créer des ennuis.

On comprit alors la sagesse de la démarche du major pendant le temps où nous étions restés dans la garnison capturée.

Les habitants de Kaskaskia avaient eu le temps de se rendre compte qu'ils étaient bien mieux sous la domination des colons que sous celle du roi, et une fois que cela leur fut bien compris, ils s'empressèrent de faire connaître aux autres avant-postes du fleuve le même sort. même changement de gouvernement.

C'est pourquoi, au lieu d'envoyer secrètement des éclaireurs pour avertir les villages par lesquels nous devions passer, les gens du poste ont demandé la permission d'accompagner les volontaires, affirmant qu'en racontant ce qui s'était passé dans leur propre campement, ils pourraient rapidement mettre d'accord les autres. empêchant ainsi l'effusion de sang et rendant service à leurs voisins en même temps, ils en profitaient eux-mêmes.

Comme le dit Simon Kenton : « Une fois qu'ils savaient que les Américains étaient prêts à prendre possession de l'Amérique – ou de la partie de celle-ci qui se présenterait sur leur chemin – leur seul désir était que le règne du roi puisse être rapidement anéanti, ce qui était bon sens, dans la mesure où les deux parties ne pouvaient détenir des portions du fleuve sans en venir aux mains.

Si ces gens dont nous avions pris les colonies sans porter un seul coup avaient pu obtenir ce qu'ils voulaient, tous les avant-postes actuellement occupés par des hommes qui ont prêté allégeance au roi seraient rapidement en notre possession, et tant que l'humeur du peuple était à ce point, le le moment était venu de pousser l'avantage.

Lorsqu'on m'annonça que parmi ceux qui partiraient sous le commandement du capitaine Bowman se trouveraient l'éclaireur Kenton et ses deux compagnons, je n'eus aucune appréhension.

L'angoisse d'esprit qui m'avait été si peu justifiée juste avant de surprendre la garnison de Kaskaskia m'avait donné une leçon et, de plus, je croyais que nous continuerions notre marche sans effusion de sang et triomphale comme elle avait été commencée. .

Et en cela, je ne me suis pas trompé.

De peur de prolonger cette histoire trop longuement, en exposant des faits que des étrangers pourraient considérer comme sans importance dans l'histoire de notre prise de possession du fleuve Mississippi, j'irai tout droit vers la fin, sans m'arrêter ici pour raconter ce qui s'est passé au bout du compte. le temps nous paraissait d'une importance considérable, ou pour expliquer comment Paul et moi agissons ou ressentions dans certaines circonstances éprouvantes et désagréables.

Simon Kenton devait avoir la charge de la partie avancée de la force dirigée par le capitaine Bowman. C'est-à-dire que si nous parlions aujourd'hui de telles manœuvres, nous dirions que Simon Kenton commandait les tirailleurs, et, bien entendu, Paul Sampson et moi avons joué, même mal, le rôle de son assistants.

Nous, et je parle maintenant non seulement de nous trois qui nous appelions éclaireurs, mais de douze ou quinze autres qui reçurent l'ordre de nous rejoindre, partîmes de Kaskaskia le matin du 8 juillet, environ deux heures avant l'arrivée principale. force, étant entendu qu'il était de notre devoir de capturer tous les espions que nous pourrions rencontrer, ou de nous replier au cas où nous serions confrontés à un nombre considérable de sauvages.

Eh bien, nous avons commencé ce parcours de soixante milles dans la bonne humeur, et lorsque, tard dans la même journée, nous étions arrivés à distance de grêle du premier petit village qui se trouvait sur la route, notre marche n'avait été qu'une excursion de plaisir.

Nous n'avions vu ni espion ni Indien, et je crois que dix-huit ou vingt hommes auraient pu prendre possession de ce village appartenant au roi, par la force des armes, si cela avait été nécessaire, sans ennuis très sérieux.

Mais l'ordre était que nous nous arrêtions jusqu'à ce que le gros des troupes arrive, ce que nous fîmes, après quoi les colons du poste capturé s'avancèrent pour tenir des pourparlers avec les occupants de cette clairière.

Ce n'était pas une longue conférence. Après que ceux qui avaient naguère reconnu M. Rocheblave pour leur gouverneur eurent expliqué à ces autres colons les avantages qu'ils pouvaient en tirer, le village fut à nous.

Nous devions simplement entrer en tant qu'invités d'honneur, et le drapeau américain fut hissé pour signifier qu'ils ne se considéraient plus comme des sujets du roi.

Et l'histoire de notre avancée réussie jusqu'à présent était la même que celle qui doit être racontée à partir de maintenant.

Nous avons marché dans deux autres villages, nos alliés de Kaskaskia les précédant pour ouvrir la voie, et avons laissé les colons, tandis que nous avons continué à remonter la rivière, en frères plutôt qu'en ennemis.

Trois villages ont hissé notre drapeau en signe de leur sympathie et de leur désir d'aider les colons, puis nous étions arrivés, à la fin du troisième jour, près de Cahokia, poste, comme je l'ai dit, d'une importance non négligeable, et en garnison par soixante soldats.

Ici au moins Paul Sampson et je crois que notre entrée se heurterait à une opposition ; mais comme auparavant, le capitaine Bowman envoya nos alliés en avant, et nous arrivâmes dans le village commerçant où le roi avait déposé de grandes quantités d'armes pour les échanger avec les Indiens, n'ayant rencontré aucune opposition et ayant été reçus très généreusement.

Les gens nous ont accueillis avec des huzzas lorsque nous sommes entrés dans la palissade, derrière nos alliés, et ont été tout aussi enthousiastes lorsque le capitaine Bowman leur a dit qu'ils devaient prêter serment d'allégeance à la colonie de Virginie.

Le but pour lequel nos forces avaient quitté Corn Island a été atteint dans la prise de Cahokia, car ce poste était en réalité le dernier que le major Clarke avait prétendu qu'il était possible de réduire.

Il est vrai qu'il avait mentionné Vincennes dans ses projets auprès des autorités de Virginie ; mais, comme nous l'avons compris de Simon Kenton pendant que nous étions ici à Cahokia, la garnison de la rivière Wabash ne devait pas être attaquée à moins que cela ne puisse être fait avec une assurance raisonnable de succès.

Or cet avant-poste de Vincennes fut un des premiers établissements formés dans la vallée du Mississipi. Elle fut occupée par les émigrés français dès 1735, et appelée poste Saint-Vincent. En 1745, le nom de Vincennes lui fut donné en l'honneur de FM de Vincennes, un vaillant et très respecté officier français tué lors de la bataille contre les Chickasaws en 1736.

C'était le poste le plus important de la vallée, mais nous qui étions à Cahokia ne pouvions même pas deviner s'il devait être attaqué.

Simon Kenton croyait que notre partie du travail se terminerait ici, arguant que le major Clarke devait laisser une garnison à Kaskaskia et à Cahokia afin de tenir les palissades, et que ce faisant, sa petite armée serait considérablement affaiblie ; de sorte qu'il ne pouvait guère espérer une victoire s'il se trouvait que nous soyons obligés de recourir à la force pour prendre la possession.

"Selon ma façon de penser, les gars, notre travail est terminé", a déclaré l'éclaireur tard dans la nuit, après que nous ayons pris possession de Cahokia. "Il ne nous reste plus qu'à revenir sur nos pas, car je suppose que vous n'étiez pas disposé à rester dans l'une ou l'autre de ces colonies en tant que membres de la garnison."

"En effet, nous ne le sommes pas", répondis-je promptement. "Ma mère m'attend à Corn Island, et à moins qu'elle ne décide de retourner sur les terres que mon père a défrichées, je dois me mettre à lui construire un foyer."

"Je n'ai aucune envie de rester", a ajouté Paul. "Il se peut que mon père n'ait pas besoin de moi, mais j'ai une mère dans le Maryland et le service dans une garnison n'est pas agréable. Si, comme vous le croyez, le travail prévu pour le major Clarke a été accompli, Louis Nelson et moi le ferons. reviens avec toi, s'il en est, tu reviendras.

"En effet, je le suis, mon garçon", répondit Simon Kenton avec l'air de quelqu'un qui s'attend à beaucoup de plaisir dans le futur. "Maintenant qu'il n'y a plus d'ombre sur moi, j'ai aussi hâte de retrouver mon père et ma mère que vous, les gars, de rencontrer les vôtres."

"Quand reviendrons-nous?" J'ai demandé, car maintenant que le voyage de retour était envisagé, moi qui n'avais vraiment pas de maison, j'avais hâte de le commencer.

"Il était convenu entre le major Clarke et moi que je serais libre de faire demi-tour chaque fois que le capitaine Bowman déclarerait qu'il n'avait plus besoin de mes services, et j'estime, les gars, que le moment est venu. Attendez-vous ici jusqu'à ce que j'apprenne ce qu'il a à dire. a à dire à ce sujet. "

En moins d'une heure, il fut décidé que nous devions porter tous les trois le rapport du capitaine Bowman au major Clarke, et lorsque je m'endormis cette nuit-là, c'était en sachant qu'aux premières lueurs de l'aube nous commencerions le voyage de soixante milles, en comptant nous y parviendrons en vingt-quatre heures avec peu de travail, car à partir de ce point nous pourrions avancer en canot, aidés par le courant rapide.

Nous partîmes comme cela avait été décidé, l'un des colons de Cahokia nous prêtant volontiers une pirogue, étant entendu que nous la laisserions à Kaskaskia pour nous la rendre chaque fois que l'occasion se présenterait, et avant minuit, Simon Kenton rendait compte au major Clarke. de nos réussites.

Nous restâmes encore trois jours à ce poste ; mais tout ce qui s'est passé qui nous concernait trois peut être raconté en peu de mots.

Il fut décidé que tous, à l'exception de ceux qui choisiraient de rester pour occuper les garnisons, pourraient revenir quand cela leur plairait, et, sachant qu'une cinquantaine ou plus de ceux qui avaient laissé des parents à Corn Island comptaient revenir bientôt, nous les attendîmes tous les trois pour que notre force pourrait être assez grande pour dissuader les sauvages qui se cachaient peut-être sur les rives de la rivière Ohio de lancer une attaque.

Cependant, au bout de trois jours, nous constatâmes qu'aucun des hommes n'était disposé à commencer aussi tôt ce qui s'avérerait sans doute une entreprise ardue, et Simon Kenton nous exposa la question en disant :

" Les gars, j'ai hâte de retourner dans le comté de Fauquier. S'il en est ainsi, vous n'avez pas envie de rester ici à manger le pain de l'oisiveté, supposons que nous commencions demain matin ? Il n'y a rien pour nous retenir, et de quoi incliner nos cœurs vers le voyage.

A moins que j'aie complètement échoué à faire paraître ici que j'avais une grande affection pour ma mère, on comprend aisément comment nous avons répondu à l'éclaireur, et sans tarder nous nous sommes mis aux quelques préparatifs nécessaires au voyage, déterminés à quitter Kaskaskia avant le lendemain matin, il fait jour.

Et maintenant, permettez-moi de copier ce que j'ai lu plusieurs années plus tard concernant Vincennes :

« Le poste le plus fort et le plus important de Vincennes, situé sur la rive est de la rivière Wabash, à cent milles au-dessus de son entrée dans l'Ohio, n'était pas encore soumis, et le major Clarke estimait que le but de sa mission ne serait qu'à moitié atteint si il ne parvint pas à prendre possession de cette place. Il fallait mettre en garnison Kaskaskia et Cahokia pour les retenir, et cela affaiblirait tellement sa petite armée qu'il ne pouvait guère espérer la victoire dans une attaque sur Vincennes, à moins qu'il ne le fasse. Il réussit aussi bien à surprendre qu'à s'emparer des postes déjà en sa possession. Tout en étant ainsi perplexe et doutant de la marche à suivre, il fit part de ses désirs au père Gabault, prêtre français, qui accepta de faire venir les habitants de Vincennes. dont il avait la charge pastorale, au soutien de la cause américaine. L'influence du prêtre fut couronnée de succès : les habitants se soulevèrent dans la nuit et abandonnèrent leur allégeance aux Britanniques, expulsèrent la garnison du fort et abattirent l'étendard anglais. . Le drapeau américain flottait en triomphe sur les remparts le matin. »

Tout cela a été fait avant que nous revenions tous les trois à Corn Island, et je me demande si le roi britannique a jamais perdu plus de territoire à moindre coût en sang, soit de la part de ceux qui ont fait la capture, soit de la part des mercenaires qui auraient dû détenir le pouvoir. garnisons, que dans cette expédition du major Clarke dans la vallée du Mississippi.

Je suis maintenant devenu un vieil homme, et pourtant, depuis lors, j'ai peu entendu parler des réalisations du major Clarke et de sa force de quatre cents hommes, lorsque la partie la plus fertile du fleuve Mississippi fut prise aux Britanniques et transformée en partie des colonies américaines.

Nous avions bien fait notre travail, comme il me semblait alors et comme c'est le cas aujourd'hui, même si dans le récit il n'y a rien de ce fracas d'armes et des acclamations de triomphe qui ont accompagné des réalisations bien moindres.

Et c'est ici que mon histoire se terminerait à juste titre si nous n'avions pas dû descendre le Mississippi jusqu'à l'Ohio, en suivant à pied le cours de cette dernière noble rivière, parce que nous ne pouvions pas bien endiguer le courant en canoë, à travers un pays infesté par des ennemis sauvages, qui feraient tous leurs efforts pour nous prendre la vie.

CHAPITRE XI.
EN DIRECTION DU RETOUR.

Nous ne perdîmes pas de temps à prendre congé après nous être préparés pour le voyage. C'était comme si nous formions tous les trois un commandement séparé et n'avions aucun camarade parmi le gros des volontaires, il n'était donc pas nécessaire que nous nous disions au revoir.

Simon Kenton devait transporter dans l'Ohio certains papiers que le major Clarke lui avait confiés, et une fois qu'ils étaient en sa possession, il n'y avait plus rien pour nous retenir à Kaskaskia.

Nous partîmes du poste une bonne demi-heure avant le lever du jour, alors que seules les sentinelles étaient là pour nous voir nous éloigner du rivage, et laissâmes le canot dériver sur la rivière jusqu'à ce que nous arrivions à l'Ohio.

Il serait plus laborieux de ramer en pirogue à contre-courant du courant rapide que de marcher, et nous avions déjà décidé de nous frayer un chemin à pied à travers la nature sauvage, en nous tenant toujours à une courte distance de la rivière, là où nous pouvions espérer obtenir le premier signal. informations si les sauvages se déplaçaient avec l'intention de faire des bêtises.

Nous nous arrêtâmes à un endroit où nous attendions les bateaux plats pour la descente, et ici nous passâmes une journée à nous procurer et à cuire de la viande, car Simon Kenton avait décidé qu'une fois que la longue marche serait vraiment commencée, nous avancerions. au meilleur rythme possible. Il était raisonnable de croire que dans peu de temps nous serions arrivés dans cette partie du pays où il ne serait peut-être pas bon de tirer un coup de fusil dans le seul but de tuer du gibier.

Nous ne pensions pas faire le voyage sans risquer de croiser de petits groupes de brutes peintes et assoiffées du sang des Blancs ; mais nous ne pensions pas que nous rencontrerions des dangers sérieux. Le pire du voyage, croyions-nous, pourrait être le travail de pousser à travers les broussailles jusqu'à ce que les nombreux kilomètres qui nous séparaient de Corn Island aient été parcourus.

Simon Kenton était de particulièrement bonne humeur ce matin-là où, tous nos préparatifs terminés, nous quittions le camping la face tournée vers le nord, et j'étais extrêmement heureux, car à la fin du voyage ma mère m'attendait pour me saluer. .

Pendant deux jours complets, nous avons continué notre route sans relâche, ne voyant rien qui puisse nous alarmer et faisant des progrès raisonnablement bons, puis est arrivé ce qui menaçait de mettre fin fatalement à ce qui avait été un voyage des plus réussis.

La deuxième nuit, nous avons campé dans un petit fourré de broussailles où le feuillage était si dense que le vent froid de la nuit était aussi complètement bloqué que si nous avions été entre quatre murs de gros rondins, et nous nous sentions si en sécurité que Simon Kenton lui-même avait proposé nous allumons un léger brasier pour cuire une dinde que nous venions de tuer.

La viande fut rôtie et nous mangeâmes un souper tel que seuls ceux qui ont accompli une journée entière de travail peuvent en profiter. Après le repas, Paul et moi nous endormions alors même que nous étions assis devant le feu.

Combien de temps nous sommes restés ainsi inconscients, je suis incapable de le dire ; mais il me semblait que j'avais à peine franchi les frontières du pays des rêves avant d'être réveillé par la pression d'une main lourde sur ma bouche.

En forêt, on s'habitue à se réveiller vite, et sans démarrer.

Lorsque les yeux sont ouverts, la première pensée est celle de la raison pour laquelle ils sont ainsi éveillés, et une attention particulière est accordée à tout ce qui les entoure avant qu'un mouvement ne soit effectué.

C'est pourquoi je compris tout de suite que la main de Simon Kenton me couvrait la bouche et qu'il enterrait en toute hâte les braises légères avec de la cendre.

En appuyant sur son bras pour lui faire savoir que j'étais complètement excité, je me suis mis en position assise.

Aucun bruit ne vient troubler le calme de la nuit, car, abrités comme nous l'étions par les broussailles, même les gémissements du vent ne parvenaient pas à nos oreilles.

Kenton réveillait Paul, et lui, brave garçon, faisait aussi peu de bruit en étant ainsi réveillé que si toute sa vie avait été passée à la frontière.

J'avais la certitude que l'éclaireur avait entendu ou vu des sauvages, et je sortis mon fusil pour m'assurer qu'il était en bon état de fonctionnement.

Il n'est en aucun cas apaisant pour les nerfs d'être ainsi excités et obligés de rester en alerte dans l'ignorance de ce qui menace. Je ne connais aucune situation plus éprouvante, et tandis que je tremblais intérieurement d'appréhension, mes yeux cherchaient Paul dans l'obscurité pour savoir comment il supportait ce que de nombreux vieux chasseurs expérimentés m'ont dit être, à leur avis, le plus éprouvant. de toutes les guerres frontalières.

Le garçon était assis, silencieux et immobile, son fusil à la main, et même s'il était impossible de distinguer ses traits, je savais très bien qu'il était aussi calme et placide que lorsque nous restions cachés dans le fourré juste au-delà de la palissade de Kaskaskia, lorsque je croyais une bataille désespérée était devant nous.

Pendant peut-être une demi-heure, nous restâmes tous les trois dans la même position que lorsque nous avions été réveillés pour la première fois, puis Simon Kenton commença à se faufiler prudemment à travers les broussailles, après nous avoir d'abord fait signe de rester silencieux.

Il voulait savoir ce qui l'avait alarmé, et sans m'être présenté comme un lâche, j'aurais insisté, du mieux que je pouvais par des gestes, pour qu'il reste avec nous, car pour moi, presque tout était préférable à la séparation.

J'ai cependant freiné mon impulsion, mais je me suis rapproché de Paul et lui, mon cher garçon, m'a serré la main comme pour me donner du courage.

Que celui que j'avais d'abord considéré comme le plus faible du parti soit celui qui encourageait, me faisait honte, et je jetais sa main comme par colère, alors qu'en réalité ce n'était rien d'autre qu'une peur nerveuse qui provoquait le mouvement. .

Autant que j'ai pu en juger, Simon Kenton était absent dix minutes avant que nous entendions quoi que ce soit, puis le détonation d'un mousquet, suivi d'un cri de douleur, fit bondir le sang dans mes veines.

Instinctivement, je me levai d'un bond alors que j'aurais dû rester immobile, et Paul saisit le pan de ma chemise de chasse comme s'il craignait que je compte m'enfuir.

Une, deux, trois minutes s'écoulèrent, pendant lesquelles régna le silence le plus absolu, puis un léger bruissement de branches annonça que l'éclaireur revenait.

Je respirai plus librement, sachant que ce n'était pas lui qui avait poussé ce cri de douleur, et je m'avançai pour comprendre la gravité du danger qui me menaçait.

"Nous avons croisé une trentaine de reptiles ou plus, probablement les mêmes que ceux rencontrés en descendant la rivière", me murmura-t-il à l'oreille alors que je me penchais en avant, avide d'informations.

"Pourquoi as-tu tiré ?" » demandai-je, croyant pour le moment que, par un tel acte, il leur avait révélé où nous étions cachés.

"Ils avaient appris où nous étions et maintenant ils nous encerclent complètement. Il s'agit de nous battre pour nous frayer un chemin, mon garçon, si nous comptons gagner Corn Island. Il vaut mieux agir immédiatement plutôt que d'attendre qu'ils soient arrivés." prêt à se rapprocher de nous.

Je compris par ces mots que Kenton croyait que la situation était des plus dangereuses, sinon il ne nous aurait pas suggéré d'agir pendant la nuit, alors que les sauvages auraient un grand avantage sur nous, et, comme d'habitude dans de tels cas, mon cœur se serra. lâche une fois de plus.

Pendant que j'étais là, indécis, l'éclaireur répéta précipitamment à Paul ce qu'il m'avait dit, et je vis le garçon se lever sans hésitation. Il était déjà, comme il l'a prouvé à maintes reprises, mon supérieur dans tout ce qui constitue un pionnier.

"Suivez-moi", murmura Kenton, "et quand vous serez obligé de tirer, veillez à ce qu'il n'y ait pas de retard dans le rechargement de votre fusil. D'après ma façon de penser, nous devrons nous battre nous-mêmes à travers ce gang. , et plus nous désactiverons la nuit, plus notre travail sera facile demain.

Je pensais que nous en étions maintenant là où nous devions poursuivre la lutte jusqu'à ce qu'un parti ou l'autre soit abattu, et, compte tenu du fait qu'ils étaient au moins dix fois plus nombreux que nous, il semblait très probable que le nôtre le ferait. soyez le côté qui a coulé.

Quand le danger s'approche de moi, j'oublie généralement ma lâcheté, et c'était ainsi maintenant. Il semblait peu probable que nous puissions nous frayer un chemin là où il y avait tant de gens qui s'opposaient à nous, et toutes les chances étaient en faveur des sauvages.

Conscient pleinement de cela, comme Simon Kenton, je crois, l'a fait aussi, j'ai cessé de penser à la cause de ma peur, mais j'ai serré les dents, résolu de donner aux loups peints de bonnes raisons de se souvenir de moi après qu'ils nous aient abattus.

Simon Kenton n'était pas disposé à s'attarder ; il comprenait l'avantage dans un combat du premier coup et était impatient de le porter.

Il n'attendit que le temps de s'assurer que nous étions prêts à affronter le travail brûlant qui nous attendait, puis il se tourna pour quitter la cachette qui, comme il l'avait dit, était déjà encerclée.

Paul aurait fermé la marche si j'avais occupé ce poste comme m'appartenant. Assurément, un garçon qui avait toujours vécu en ville ne pouvait raisonnablement espérer se voir accorder un poste aussi dangereux alors que d'autres avaient le droit de le revendiquer.

Que les sauvages surveillaient attentivement, nous le savions instantanément. Simon Kenton sortit du fourré dense, car alors vint le détonation d'un fusil, et une balle siffla près de ma tête si près que je pouvais sentir le « vent » de son vol.

C'était un acte étrange, lorsque l'obscurité était si intense qu'on ne pouvait distinguer un objet à vingt pas de distance, et pourtant, instinctivement, nous nous précipitions tous les trois derrière les arbres les plus proches pour nous abriter, et restions là, tendant les yeux dans l'espoir de pouvoir découvrir un cible vivante.

C'était comme regarder dans un puits profond, regarder devant soi, et nous avons dû comprendre tous les trois au même instant que c'était un peu moins que de la folie de rester là avec le moindre espoir d'envoyer une balle chez nous, car Paul venait de se tourner vers lui. continuer le vol quand Simon Kenton me murmura :

"Nous ne pouvons pas tirer profit de notre séjour ici. Le meilleur plan est de continuer à remonter le fleuve, en parcourant autant de kilomètres que possible avant le jour."

Cela dit, il s'élança, forçant Paul à se ranger derrière lui, et je me rapprochai sur les talons de ce dernier.

Alors commença le combat le plus étrange jamais vu sur la rivière Ohio.

Nous avancions tous les trois comme s'il serait très avantageux pour nous de gagner quelques kilomètres supplémentaires avant le matin, et les sauvages nous suivaient avec prudence, tirant au hasard de temps en temps, bien qu'ils ne puissent espérer qu'une seule balle ferait effet.

Plusieurs fois, nous nous arrêtâmes dans l'espoir que les reptiles, ne pensant qu'à nous rattraper, pourraient arriver à portée de tir ; mais ils étaient trop méfiants pour se laisser surprendre par une ruse de ce genre.

Chaque fois que nous nous arrêtions complètement, c'était comme si toute la nature cessait de respirer, car nous ne pouvions pas entendre le moindre murmure au milieu du feuillage, et lorsque le vol avait continué de cette façon pendant une heure ou plus, Simon Kenton a déclaré alors que nous nous tenions à côté : à côté, écoutant attentivement un signe des méchants :

"Nous n'aurons pas de chance de les atteindre avant le jour, et alors ils auront la même chance contre nous. Je pense que nous ferions mieux de parcourir toute la distance possible pendant qu'il fait nuit, et ensuite de rester là quand." le soleil se lève."

À mon avis, cela ne nous servirait à rien si nous nous rapprochions de quelques milles de notre destination, car à moins que ces misérables ne puissent être repoussés dans un délai raisonnablement court, ils réussiraient à nous tuer avant que nous puissions nous approcher à cinquante milles du point où nous nous trouvions. le plus désiré gagner.

Cependant, tout en tenant la mort à distance pendant quelques heures plus ou moins, autant avoir le visage tourné dans la bonne direction, et j'étais prêt à faire tout ce que l'éclaireur me suggérait, car, comme je l'ai dit, la peur m'avait fui. maintenant que notre situation était si désespérée.

Nous avons alternativement avancé à toute vitesse et nous nous sommes arrêtés pour reprendre notre souffle. Les Indiens tiraient au hasard de temps en temps, espérant que le bruit de nos pas pourrait leur servir de guide ; mais ils ne nous firent pas plus de mal en tirant que nous, lorsque nous nous abstenions de décharger nos armes.

La nuit se passa ainsi. Nous n'avions pas tiré un coup de feu, tandis que l'équipage peint à notre poursuite avait gaspillé vingt balles ou plus.

Ayant marché toute la journée, cet effort intense toute la nuit me fatiguait excessivement, et lorsque les premières lueurs grises de l'aube imminente filtrèrent à travers les feuillages, il me sembla que j'étais au bord de l'épuisement.

Le travail avait pesé même sur Simon Kenton, et Paul ne tenait le rythme que grâce à la seule force de sa volonté.

Ce fut un merveilleux soulagement pour moi lorsque l'éclaireur me montra ce qui semblait être une végétation dense de buissons, à travers laquelle coulait un petit ruisseau, comme il dit :

"Je pense que nous ne trouverons pas de meilleur endroit que là-bas pour prendre position."

"Presque tout me plaira pour que nous nous arrêtions rapidement, car je suis presque essoufflé", répondis-je en parlant avec difficulté à cause de ma respiration lourde, et un instant plus tard nous nous retrouvâmes tous les trois face à face dans le fourré. , où la lumière d'un jour nouveau n'avait pas encore pénétré.

Les sauvages ne pouvaient pas s'approcher de très près pendant l'obscurité sans prendre plus de risques que ces reptiles ne l'imaginaient, et pendant un certain temps nous n'avons pas à craindre d'être inquiétés.

Paul et moi nous jetâmes de tout notre long à terre, car dans aucune autre position il ne semblait possible de se remettre de l'épuisement qui nous assaillit ; mais Simon Kenton restait debout à un endroit d'où il pouvait avoir une vue sur quelque partie de nos environs lorsque le soleil avait dissipé l'obscurité.

"Je suppose qu'il y a de bonnes raisons de croire que les Indiens vont nous tuer avant que nous puissions arriver à Corn Island ?" » dit Paul sur le ton de quelqu'un qui pose une question, après avoir suffisamment repris son souffle pour parler, et Simon Kenton répondit doucement.

"Deux ou trois courses comme celles que nous avons disputées cette nuit devraient leur donner de bonnes raisons de se décourager."

« Il s'agit de savoir si c'est eux ou nous qui subirons le pire dans cette affaire », ajoutai-je en essayant de parler calmement, comme mes camarades ; mais en faisant un mauvais travail.

"Vingt-quatre heures, c'est une longue période", dit Paul pensivement, "et c'est tout ce que je peux faire pour garder les yeux ouverts."

"Dors, mon garçon", cria Kenton. "Nous devons trouver un moyen de nous reposer entre maintenant et une nuit, et si vous faites une sieste tous les deux en même temps, j'en aurai l'occasion plus tard."

Cela peut paraître étrange que des garçons puissent dormir dans de telles circonstances, et pourtant, à peine l'autorisation fut-elle donnée par l'éclaireur, que j'étais allongé de tout mon long, les yeux fermés malgré tous les efforts pour les maintenir ouverts.

Le bruit d'un fusil tiré à proximité m'a réveillé et j'ai regardé autour de moi pour voir l'éclaireur recharger son fusil.

"As-tu fait voler ton oiseau ?" Ai-je demandé d'un ton endormi.

"J'espère ne plus jamais utiliser ce morceau d'avant si je ne le faisais pas. Le furtif se fraye un chemin vers nous depuis dix minutes, et j'ai seulement attendu pour lui laisser croire qu'il gardait sa carcasse rouge à l'écart. de vue, même si je l'ai clairement remarqué dès l'instant où il a commencé.

"As-tu vu les autres ?"

"Oui, de temps en temps à travers les buissons; mais pas de la manière que je voulais pour bien viser. Ils ont campé quelque part près de ce gros gommier là-bas, ayant autant besoin de repos que nous, Je pense."

"Depuis combien de temps ai-je dormi ?"

"Trois heures ou plus."

"Alors il est temps que tu fasses ton tour", et je me levai, Paul se levant en même temps.

Simon Kenton a insisté pour que nous nous recouchions ; mais c'était pour moi comme si le repos avait été suffisamment long, tant j'étais complètement réveillé, et après une courte discussion, il fit ce que je lui suggérais.

Il est inutile pour moi de raconter tout ce qui a été fait ou dit pendant le reste de cette longue journée.

Kenton a dormi quatre bonnes heures, et pendant ce temps, nous avions tiré deux fois sur les reptiles furtifs alors qu'ils volaient d'un arbre à l'autre, étant sûrs que certaines balles avaient fait effet.

Ensuite, l'éclaireur nous a ordonné de dormir davantage, et il n'a pas non plus voulu écouter mes affirmations selon lesquelles j'étais complètement remis de la fatigue qui m'avait si douloureusement accablé.

"Vous avez encore une longue course devant vous, et vous avez besoin de dormir davantage si vous comptez maintenir le rythme que je fixerai depuis le coucher du soleil jusqu'à ce qu'il se lève à nouveau."

"Combien de temps comptez-vous pouvoir maintenir un tel vol ?" » demanda Paul doucement, comme s'il s'agissait d'une question qui ne l'intéressait pas beaucoup.

"Jusqu'à présent, nous semblons faire mieux que tenir le coup, et je pense que nous ferions mieux de continuer le jeu. Au moins trois des serpents peints se sentent plus mal d'avoir commencé cette petite poursuite, et nous sommes aussi sains que jamais.

J'étais sur le point de dire que nous ne pouvions pas espérer le même bonheur lors d'une autre nuit de course à travers la forêt alors qu'il faisait trop sombre pour distinguer quoi que ce soit qui ne se trouvait pas directement sur notre chemin ; mais je me retins à temps, car il ne pouvait rien être bon de prononcer des paroles décourageantes alors que nous étions dans une situation aussi désespérée.

Nous deux, les garçons, nous nous recouchâmes pour dormir, conformément à l'ordre de Kenton ; mais je fus réveillé quelques instants lorsque l'éclaireur déchargea son fusil, et je l'entendis marmonner pour lui-même :

"Cela fait le quatrième aujourd'hui, et si nous pouvons continuer ce jeu deux soirs de plus, ils pourraient en venir à croire que le jeu n'en vaut pas la chandelle."

Ensommeillé, je pensais que nous pourrions découvrir avant plusieurs heures que tout le tournage ne devait pas être fait par nous ; mais cette idée n'était encore que dans mon esprit lorsque mes yeux se fermèrent à nouveau, et je n'étais pas conscient de ce qui m'entourait jusqu'à ce que Kenton me secoue brutalement.

"Il est temps que nous allions de nouveau en avant", a-t-il murmuré alors que je saisissais mon fusil, croyant que les sauvages étaient sur le point de lancer une attaque déterminée, et il a ajouté avec un petit rire: "Il n'y a pas de danger plus menaçant que lorsque vous était éveillé pour la dernière fois, mon garçon ; mais la nuit est bonne pour nous, et nous devrions partir. »

Il réveilla Paul, et le petit garçon se leva, prêt à toute urgence ; mais ne disant pas un mot.

Nous avions encore une portion de notre viande, et nous en préparâmes un repas précipité, après quoi Simon Kenton se montra prêt à repartir pour ce que je croyais être un voyage infructueux, car il ne semblait pas possible que nous vivions jusqu'à la fin. il.

C'était comme un cauchemar, cette course à travers les fourrés avec des démons meurtriers tout près de nous, tirant de temps en temps quand, dans l'obscurité, les branches ondulantes annonçaient notre route.

Kenton tint parole en ce qui concerne l'allure rapide. Jamais auparavant ni depuis je n'ai sollicité tous mes muscles et nerfs pendant autant d'heures d'affilée.

Il y avait des moments où nous avancions comme si nous courions à pied, et plus d'une fois l'un ou l'autre de nous se heurta contre un arbre avec une telle force que nous étions projetés en arrière de tout notre long sur le sol.

Nous n'avions pas le temps de nous occuper des blessures, aussi graves soient-elles, car les brutes implacables arrivaient tout près de nous, espérant, très probablement, un tel accident lorsqu'elles pourraient réduire notre nombre d'un.

Je crois qu'ils nous ont tiré dessus cinquante fois avant que nous nous arrêtions pour une journée de repos qu'il faut consacrer à nous défendre, et par la miséricorde de Dieu aucune balle ne nous a approchés.

J'ai guetté avec impatience les premiers signes de l'aube ; ma respiration devenait épaisse et rapide, et je craignais de tomber et de ne plus pouvoir me relever.

Paul était resté sur les talons de Kenton sans trahir ni fatigue ni détresse ; mais juste au moment où il me semblait que je devais m'arrêter, quelles qu'en soient les conséquences, il s'écria vivement :

"Je ne peux pas aller plus loin. Vous devez continuer sans moi ! Il vaut mieux que je sois laissé derrière plutôt que que tout le monde périsse !"

"Nous en sortirons tous avec la peau entière, ou tomberons ensemble", a déclaré Simon Kenton d'un ton aigu. "Essaye de tenir le rythme, mon garçon, jusqu'à ce que nous trouvions un endroit où nous pouvons nous défendre."

Au moment même où il parlait, nous étions arrivés à un endroit où une demi-douzaine de grands arbres avaient été renversés par le vent, formant exactement le genre de fortification dont ont besoin ceux qui sont cruellement assiégés comme nous.

Kenton a aidé Paul à franchir les rondins jusqu'au centre même, et je l'ai suivi avec de nombreux trébuchements, tombant sur la face, complètement effondré, alors que nous étions au milieu du réseau de bois.

CHAPITRE XII.
UNE NOUVELLE BATAILLE.

Il faisait encore si sombre dans la forêt qu'il fallait forcer les yeux pour distinguer les objets à dix pas d'avance, on comprend donc facilement à quel point étaient près de nous les loups hurlants, quand je dis qu'ils poussèrent un cri de triomphe mêlé. et menace alors que nous mettions ainsi fin à la course.

Il était évident qu'ils croyaient que nous étions désormais en leur pouvoir, et en fait, c'était à peu près la même pensée dans mon esprit lorsque je m'étais suffisamment réveillé de la stupeur de l'épuisement pour prendre note de notre environnement.

Simon Kenton nous avait conduits au milieu d'un tas de bois tombés, envahi par les vignes et les jeunes buissons, qui couvrait un espace d'environ cent pieds carrés. C'était un lieu de refuge situé dans un endroit partiellement dégagé, et qui pouvait facilement être encerclé, tandis que, pour sortir, il fallait offrir son corps comme cible à quiconque veillait.

Dans l'obscurité du matin, il semblait être un meilleur endroit pour se défendre que ce n'était réellement le cas, et je me demande si l'éclaireur se serait arrêté ici s'il avait compris de quoi il s'agissait réellement.

Pendant que nous restions au centre même de la masse, nous étions cachés et pouvions voir une bonne partie de tout ce qui pouvait se passer autour de nous ; mais cela dit, tous les avantages du lieu ont été décrits.

Pour en sortir, une fois à l'intérieur, il faudrait, comme je l'ai déjà dit, nous exposer au feu de l'ennemi, et avant que plusieurs heures ne s'écoulent, nous serions obligés de prendre la fuite à moins que nous avions envie de mourir de faim ou de soif.

Nous n'avions plus de nourriture avec nous, et il n'y avait pas une goutte d'eau plus près que la rivière. Il me semblait déjà que ma bouche était desséchée au point d'enfler, et parce qu'elle était hors de ma portée, j'aspirais intensément à quelque chose qui étancherait ma soif.

La connaissance de notre situation, telle que je l'ai exposée ici, m'est venue immédiatement après que j'aie légèrement récupéré des effets de la fatigue causée par la course rapide, et, en regardant le visage de Simon Kenton, je savais très bien qu'il avait pris conscience de notre situation désagréable.

Le petit Paul Sampson, ce garçon courageux qu'il avait prouvé être, était le seul à paraître indifférent au danger.

Lorsqu'il lui fut possible de se tenir debout, car il était plus épuisé que moi, au lieu d'essayer de découvrir tous les inconvénients de l'endroit, il commença à contribuer à la défense en rampant sous les bois tombés jusqu'à ce qu'il se sente bien. Il pouvait avoir une bonne vue sur la partie de la forêt d'où nous venions, et en même temps cacher son propre corps à ceux qui cherchaient probablement avec leurs yeux perçants une cible vivante.

Je crois que Simon Kenton a lu sur mon visage les pensées qui me venaient à l'esprit, car il a dit lentement, comme s'il pesait bien chaque mot :

« Ce doit être une bataille plutôt qu'un simple temps de défense. Nous pouvons tenir notre position sans grande souffrance pendant quatre heures vingt ; mais au bout de ce temps, il y aura forcément un changement si nous comptons sur revoir Corn Island.

"Comment provoquerez-vous une bataille si les sauvages ne sont pas disposés à nous en donner l'occasion ?" Ai-je demandé avec irritation. "Ils peuvent rester à l'abri pendant un certain temps tout en nous gardant à l'œil. Ce n'est pas un cas de famine avec eux."

"Un homme n'est jamais battu jusqu'à ce qu'il perde espoir", répondit joyeusement l'éclaireur, et les mots furent à peine prononcés avant que le fusil de Paul ne retentisse brusquement.

"Il y en a un de moins !" s'écria le garçon triomphalement. "Ils se rapprochent pour nous tirer dessus, et nous n'avons qu'à garder les yeux ouverts pour réduire considérablement leur nombre entre maintenant et le lever du soleil."

Ces paroles courageuses me sortirent en un clin d'œil de mon accès de découragement, et avec un sentiment de honte que ce garçon de l'Est se montre plus homme que moi, je me glissai jusqu'au bord de notre barricade.

Nous restâmes tous les trois là où nous pouvions avoir une vue sur tout ce qui nous entourait, et pendant l'heure suivante, au bout de laquelle le soleil envoyait de longs rayons de lumière à travers les clairières de la forêt, nous parvînmes à envoyer cinq des canailles vers leurs heureux terrains de chasse, ou de retour sous abri, handicapés par de graves blessures.

Un tel début m'a donné beaucoup de courage, jusqu'au moment où je me suis rendu compte qu'il n'était pas probable que les reptiles s'exposeraient si facilement après avoir reçu une leçon aussi acerbe.

Simon Kenton avait manifestement décidé de prendre une décision prometteuse de succès, car il dit joyeusement lorsqu'il fut certain que les serpents rouges s'étaient retirés à une distance sûre :

"Vous deux, les gars, allez dormir un peu maintenant, car, sauf erreur de ma part, nous changerons de quartier avant le coucher du soleil."

"Il y a peu d'espoir qu'ils nous laissent sortir d'ici avec nos vies", répondis-je avec découragement, et l'éclaireur ajouta sèchement :

"Jusqu'à présent, nous n'avons aucune raison de nous plaindre, et nous ne nous montrerons pas idiots en cherchant des ennuis dans l'avenir. Allez dormir, les gars, car à midi je réclamerai le même privilège."

Aussi fatigués que nous étions, ce n'était pas une tâche difficile de fermer les yeux dans le sommeil, et cinq minutes après avoir donné l'ordre, nous dormions profondément, pour ne pas nous réveiller avant que le soleil ne soit directement au-dessus de nous, lorsque l'éclaireur nous a secoués pour nous réveiller. .

"Vous avez eu six bonnes heures de repos, et je compte n'en prendre que trois. Surveillez attentivement jusqu'à ce que l'après-midi soit à moitié écoulé, puis réveillez-moi."

"Pourquoi ne devrais-tu pas dormir aussi longtemps que nous ?" Ai-je demandé alors que Paul se glissait à travers les bûches jusqu'à l'endroit où il pouvait le mieux avoir une vue sur nos environs.

"Parce qu'alors viendra le moment où nous devrons nous préparer à une telle bataille qui satisfera ces brutes qu'il n'est pas prudent d'écraser trois hommes blancs dans l'idée de les coincer dans une forêt comme celle-ci."

Sans expliquer ce qu'il se proposait de faire, Simon Kenton se rendit à son repos bien mérité, et nous, les gars, montâmes la garde du mieux que nous pouvions.

Trois heures se passèrent dans le silence, et pendant ce temps nous n'avions pas vu même une touffe de plumes indiquant où se trouvait un ennemi.

En laissant mon esprit s'attarder sur le fait désagréable que nous étions sans nourriture ni eau, je souffrais intensément de la faim et de la soif, et en laissant ainsi libre cours à mon imagination, j'étais découragé et désespéré.

Paul prit sur lui de réveiller l'éclaireur, et une fois les yeux de Kenton ouverts, il entreprit de déclencher la bataille dont il avait parlé.

Quelques instants de travail avec nos couteaux suffirent pour fournir à chacun de nous une longue perche, puis il expliqua son plan.

D'après ses ordres, nous devions nous étendre sur le sol, nos fusils prêts à l'emploi, et, avec nos perches, faire un bruissement de feuillage tel qu'il ferait croire à l'ennemi que nous sortions en rampant.

Il serait tout à fait naturel que les sauvages fassent feu chaque fois qu'ils apercevaient un balancement des buissons ou des branches ; mais, à cause de la longueur des poteaux, nous ne serions pas assez près du point de perturbation pour courir une grande chance d'être touchés par les balles.

De notre barricade jaillirent trois balles, et chacune trouva sa cible. Page 259. *À la frontière du Kentucky.*

Kenton avait donné le nom de « bataille » à sa manœuvre ; mais ce n'était ni plus ni moins qu'une ruse, et une ruse qui plaisait le plus aux sauvages eux-mêmes.

Cependant, ils n'avaient aucune bonne raison de se réjouir de celui-ci, car cela fonctionna comme Kenton l'avait espéré, et avant que les loups peints ne comprennent le jeu, ils avaient reçu une leçon telle que je vous garantis qu'ils n'ont jamais oublié.

Lorsque nous fûmes tous les trois en position, Simon Kenton donna le signal et nous poussâmes vigoureusement avec les perches.

En un clin d'œil, une demi-douzaine de fusils furent tirés de différents points au milieu du feuillage, démontrant ainsi que l'ennemi surveillait attentivement et que nous avions chacun une cible.

De, hors de notre barricade ont sifflé trois balles, et chacune a trouvé sa cible !

Ce ne fut qu'avec difficulté que je réprimai un cri de triomphe, car je commençais alors à comprendre que nous pourrions bientôt nous frayer un chemin, à moins que cette bande de reptiles n'ait un courage plus réel que celui dont leur race fait habituellement preuve face aux hommes blancs.

Après un intervalle de cinq minutes ou plus, nous avons répété la manœuvre, recevant une réponse similaire à celle précédente, et avons pu infliger la mort ou des blessures à un autre trio.

"Six effacés ou désactivés en autant de minutes !" » dit Simon Kenton d'un ton triomphant. "Que pensez-vous maintenant de mon combat, les gars ?"

"S'ils tombent encore deux fois dans le piège, nous pouvons compter sur cette rive de la rivière pour nous seuls", répondis-je d'une voix imprudente, et l'éclaireur dit avec avertissement :

« Faites attention, Louis, faites attention. S'ils soupçonnent à quel genre de jeu nous jouons, il y aura peu de chances qu'ils fassent ce que nous souhaitons.

Eh bien, pour ne pas allonger ce pauvre récit au point de fatiguer celui qui voudra le lire, il suffit de dire que trois fois plus nous avons réussi à trouver des cibles pour nos fusils en utilisant vigoureusement les perches, et j'étais certain que depuis le réveil de l'éclaireur jusqu'au refus des sauvages de sortir à notre demande, nous avions envoyé des balles sur pas moins de treize d'entre eux.

Considérant que leur nombre ne pouvait pas dépasser la quarantaine, à en juger par ce que nous avions vu et entendu, notre œuvre était bien faite pour les décourager.

Ils avaient versé dans le tas de bûches pas moins d'une centaine de balles, et pourtant nous n'avions pas reçu une égratignure !

J'oubliais presque que j'avais faim ou soif, car la fièvre de tuer était sur moi, et mon seul espoir était que nous puissions les attirer deux ou trois fois de plus afin de donner aux méchantes brutes une telle leçon de saignée qu'elles n'avait jamais appris auparavant.

Cependant, j'en fus déçu, car soit les serpents avaient fini par comprendre notre jeu, soit ils étaient attirés pour soigner leurs blessures, et nous ne les vîmes plus.

A la tombée de la nuit, nous nous échappâmes prudemment du bois tombé, et pas un coup de feu ne fut envoyé sur nous.

A un mille ou plus du lieu de notre plus grand triomphe, nous fîmes une halte pour étancher notre soif de la rivière, et pendant la nuit notre marche fut moins précipitée qu'au début de la course.

Nous nous arrêtâmes pour le petit-déjeuner le lendemain matin, après avoir abattu une dinde, et à ce moment-là, il était certain que les reptiles peints qui comptaient sur notre sang ne conservaient plus ce désir au prix que nous lui avions fixé.

Après cela, nous avons avancé à un rythme tranquille et dans une relative sécurité, jusqu'à ce que nous arrivions à Corn Island, où ma mère nous a accueillis, Paul et moi, comme si nous étions revenus d'entre les morts.

Ce que nous avons fait là-bas, ou quelles autres aventures sont arrivées à Simon Kenton avant qu'il puisse retourner chez lui en Virginie, n'est pas à moi de le décrire ici, car cela constitue un récit en soi. Je ne peux pas non plus raconter comment j'ai construit une maison pour ma mère dans cette nouvelle colonie connue sous le nom de Louisville ; mais il semble nécessaire que je copie de ce qu'un autre a écrit, l'histoire de la façon dont le major Clarke a réussi à arracher la vallée du Mississippi aux griffes des Britanniques, et c'est avec ce récit que je termine cet écrit, en espérant que d'autres trouveront autant de plaisir à le lire qu'à l'écrire.

"Le 29 janvier 1779, on reçut des renseignements selon lesquels le gouverneur Hamilton avait fait une expédition contre Vincennes, depuis Détroit, près d'un mois auparavant, et que la ville était de nouveau en possession de l'ennemi. On dit aussi qu'un autre et une expédition plus redoutable devait être envoyée au printemps pour reprendre Kaskaskia et attaquer les différents postes de la frontière du Kentucky. Avec sa rapidité et son énergie habituelles, le colonel Clarke (la législature de Virginie l'avait récemment promu) se prépara à anticiper l'ennemi. et portez le premier coup.

"Il projeta une expédition contre Vincennes et, le 7 février, commença sa marche à travers le désert avec cent soixante-quinze hommes. Il avait auparavant envoyé le capitaine Rogers et quarante hommes, deux pièces de quatre livres et un bateau, avec ordres de remonter le Wabash jusqu'à un point proche de l'embouchure de White River, et d'y attendre d'autres ordres.

"Pendant une semaine entière, le groupe du colonel Clarke a parcouru les terres noyées de l'Illinois, souffrant de toutes les privations de l'humidité, du froid et de la faim. Lorsqu'ils sont arrivés à Little Wabash, à un point où les fourches du ruisseau sont distantes de trois milles, ils ont trouvé le l'espace intermédiaire était recouvert d'eau jusqu'à une profondeur de trois pieds. Les points de terre ferme étaient distants de cinq milles, et sur toute cette distance, ces robustes soldats pataugeaient dans la neige froide, parfois jusqu'aux aisselles.

"Le 18 au soir, ils s'arrêtèrent à peu de distance de l'embouchure du ruisseau Embarrass, et si près de Vincennes qu'ils purent entendre le grondement du canon du soir. Ici ils campèrent pour la nuit, et le lendemain matin à l'aube, avec leurs le visage noirci par la poudre pour se faire paraître hideux, ils traversèrent la rivière dans un bateau qu'ils avaient sécurisé et avancèrent à travers les inondations vers la ville.

« Au moment où ils atteignaient la terre ferme, en vue de Vincennes, ils capturèrent un habitant et l'envoyèrent dans la ville avec une lettre exigeant la reddition immédiate de la place et du fort. Le peuple, surpris, fut très alarmé et crut " L'expédition devait venir du Kentucky, composée des hommes féroces et forts de ce Commonwealth en marche. Si des hommes armés étaient tombés des nuages au milieu d'eux, ils n'auraient pas pu être plus étonnés, car il semblait impossible que cette petite bande ait traversé la région inondée. Le peuple était disposé à se conformer à la demande, mais le gouverneur Hamilton, qui commandait en personne, ne le permit pas.

"Un siège commença et pendant quatorze heures un combat furieux se poursuivit. Le lendemain, la ville et le fort furent rendus et la garnison fut faite prisonnière de guerre. Les étoiles et les rayures remplacèrent la croix rouge de Saint-Georges; un une salve de treize canons proclama la victoire, et cette nuit-là, les troupes épuisées du colonel Clarke reposèrent confortablement.

LA FIN